AF461240

Le P. Paul CARRIÈRE, M. S. C.

OCTAVE DE BRINON

ÉLÈVE DE LA PETITE ŒUVRE ET SCOLASTIQUE

DES

MISSIONNAIRES DU SACRÉ-CŒUR

Société Saint-Augustin, Desclée, De Brouwer et Cie

PARIS — 30, RUE SAINT-SULPICE.

LILLE — 41, RUE DU METZ.

OCTAVE DE BRINON

Discite a me quia mitis sum et humilis
corde, et invenietis requiem animabus
vestris. (Matt. xi. 29.)

Le P. Paul CARRIÈRE, M. S. C.

OCTAVE DE BRINON

ÉLÈVE DE LA PETITE ŒUVRE ET SCHOLASTIQUE
DES
MISSIONNAIRES DU SACRÉ-CŒUR

Société Saint-Augustin, Desclée, De Brouwer et Cie
PARIS
30, RUE SAINT-SULPICE.
LILLE
41, RUE DU METZ.

IMPRIMATUR :

Tornaci, 30 Octobris 1905.

V. CANTINEAU,
can., cens. libr.

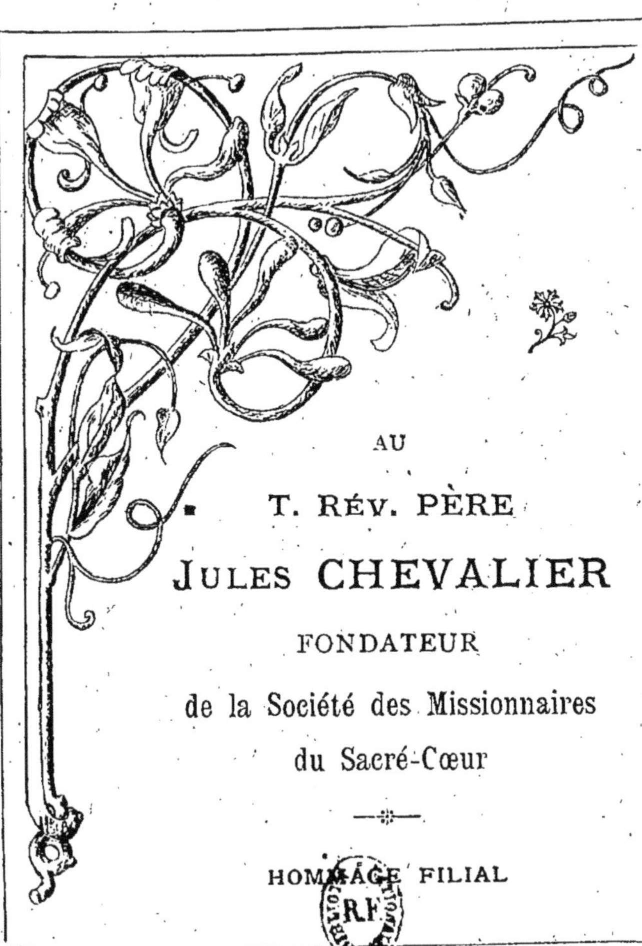

AU

T. RÉV. PÈRE

JULES CHEVALIER

FONDATEUR

de la Société des Missionnaires

du Sacré-Cœur

HOMMAGE FILIAL

PRÉFACE

Le modeste volume que nous vous présentons, cher Lecteur, n'a pas la prétention de s'imposer à votre curiosité par le récit d'événements remarquables. Non ; c'est la vie simple, retirée, uniforme, d'un jeune homme qui, après avoir entendu l'appel de Dieu, a voulu y répondre avec toute la simplicité et toute la droiture d'une âme pleine de foi.

Toute ordinaire cependant que puisse paraître cette courte existence, le lecteur qui, sans s'arrêter à la surface, voudra pénétrer plus avant et réfléchir à tout ce qu'il faut d'héroïque générosité à un jeune homme qui voit le monde lui sourire pour se détacher chaque jour davantage du terrestre et ne plus suivre que les hautes et sublimes inspirations de la grâce, comprendra toute la portée du sacrifice et la grandeur de la récompense qu'il mérite.

Voilà plusieurs années déjà que Dieu a rappelé à lui l'âme si douce et si pure dont nous allons parler, et on trouvera peut-être que ce travail vient trop tard. C'est un peu vrai et nous le regrettons. Mais le temps, heureusement, n'efface rien à la beauté de la vertu ; qui sait même s'il ne la rend pas plus touchante et plus aimable à mesure que les événements la font plus rare et lui donnent, par là même, plus de prix.

Tout le monde pourra lire avec édification cette brève notice, mais nous la dédions plus particulièrement à la jeunesse qu'elle a pour but d'édifier et de porter au bien. Même au sein des tristes événements que nous traversons, la source des vocations religieuses et apostoliques n'est point, certes, tarie. Dieu, qui veut sauver le monde appelle encore et appellera toujours au service du sanctuaire et aux travaux de l'apostolat, quelques âmes de prédilection. Quelle ne serait pas notre consolation s'il daignait se servir de ces pages pour faire arriver sa voix jusqu'au cœur de quelques jeunes gens d'élite !

Pourrions-nous oublier aussi qu'Octave de

Brinon fut un élève de la Petite-Œuvre du Sacré-Cœur ?... Or, quelle ne doit pas être la surnaturelle satisfaction de nos bienfaiteurs et de nos bienfaitrices, en constatant que leurs sacrifices ne sont pas perdus, et que, tout en donnant à l'Eglise des prêtres et des apôtres, leur œuvre de prédilection donne en même temps, au Ciel, des protégés qui, à leur tour, deviennent des Protecteurs !

Cette lecture sera aussi, nous l'espérons, un encouragement efficace aux chers Enfants de la Petite-Œuvre. Elle leur fera mieux comprendre la vertu que réclame, de leur énergie, le bienfait dont le Cœur de Jésus les a gratifiés, et elle leur rappellera dans leur exil, qu'un tel bienfait exige d'eux, en retour, un attachement toujours plus profond à leur admirable vocation.

Puissiez-vous vous-même, cher Lecteur, dans quelque situation où la Providence vous ait placé, puiser dans la lecture de ces lignes, le courage d'accomplir, avec une religieuse fidélité, les devoirs quotidiens de votre condition, si humble qu'elle puisse être ! Nous confions ce désir au Cœur de notre bon Maître que nous désirons voir aimé, servi, glorifié partout et toujours :

Aimé soit partout le Sacré Cœur de Jésus !

S.-Rémy-lez-Chimay, 8 septemdre 1905.

CHAPITRE I

ENFANCE D'OCTAVE

Naissance. — Une famille modèle. — Le baptême. — Première éducation. — Une chute inopportune. — Attraits pour la piété. — Naïves industries. — Signes précoces de vocation. — Dévotion à la Très Sainte Vierge. — Première Communion.

FLAYAT est une petite commune située au Sud-Ouest du département de la Creuse, et sur les confins de celui du Puy-de-Dôme. Ce modeste village, qu'aucune particularité archéologique ne signale d'ailleurs à l'attention du touriste, occupe une situation charmante, sur une colline qu'entourent de vastes étangs, et d'où le regard jouit du spectacle le plus gracieux. Tandis que, d'un côté, dans la brume bleue, se profilent sur le ciel, couronnées de grands bois, les montagnes du Limousin, de l'autre, les sommets du mont Dore que domine, dans toute sa majesté, le pic du Sancy, montrent dans le lointain leurs flancs sauvages et dénudés.

Les habitants semblent doux et pacifiques, calmes comme la solitude où ils coulent leur paisible existence. Leurs maisons sont groupées autour de l'humble et proprette église dont, grâces à Dieu, ils n'ont point oublié le chemin. Là, en effet, on conserve encore la foi des aïeux, mais cette foi vraie, qui non seulement maintient la fidélité traditionnelle aux cérémonies extérieures du culte, mais qui, de plus, affermit les âmes dans l'amour du devoir et dans la pratique des vertus individuelles et familiales de la vie chrétienne.

En montant la route qui passe derrière le chevet de l'église et qui longe l'ancien cimetière, vous arrivez presque aussitôt devant un portail surmonté d'une couronne comtale.

A peine en avez-vous franchi le seuil, que sur votre droite se dresse une croix antique surmontée des instruments de la Passion. Elle semble posée là, tout à la fois, comme une gardienne sûre et vigilante de la noble demeure que vous allez visiter, et comme un symbole de l'esprit dont furent toujours pénétrées les pieuses générations qu'elle abrita et celle qu'elle continue d'abriter encore. Une longue

LE CHATEAU DE FLAYAT.

et silencieuse allée, bordée d'arbres séculaires, vous conduit au vieux château, dont la masse, sombre et imposante, surgit, là-bas, dans un grand nid de verdure, derrière une rampe, noircie par le temps et qui ferme la cour d'honneur.

Le bâtiment fut construit en 1629 par les familles Delestrange, de Saint-Julien et de Laborie, dont les écussons se voient encore sur la porte d'entrée. Bien qu'il n'ait plus aujourd'hui les proportions qu'il eut à l'origine, par suite d'un incendie qui dévora jadis les deux avant-corps [1], il garde toujours cependant son cachet de noblesse et de grandeur.

C'est là que naquit, le 11 novembre 1862, François-Marie-Victor-Octave de Brinon. Il fut le huitième — de là son nom d'Octave — de dix enfants, dont trois se sont unis à DIEU par les liens de la vie religieuse.

Le grand-père paternel, marquis de Brinon [2], originaire du Bourbonnais, et le grand-père maternel, marquis de Cosnac [3], originaire de la

1. Une peinture naïve que l'on aperçoit encore dans la salle à manger rappelle le souvenir de cet incendie.

2. Les armes de la famille de Brinon sont : d'azur au chevron d'or au chef endenté du même. La devise : *Non generat aquila columbas.*

3. Les armes de la famille de Cosnac : d'argent au lion de sable armé, lampassé et couronné de gueule, l'écu semé de molettes ou étoiles de sable. Devise : *Ni or, ni argent, mais l'honneur.*

Le grand'père de Mme de Brinon était Jean-Baptiste de

Corrèze, descendaient tous deux de nobles et anciennes familles [1]. Déjà ils avaient contracté une première parenté en épousant deux sœurs : Mesdemoiselles Vernin d'Aigrepont.

Le père, M. le Comte Gustave-Sigismond de Brinon, avait reçu en héritage, avec la noblesse du sang, les sentiments chrétiens de ses ancêtres. Ce fut le jugement de tous ceux qui le connurent ; ce fut en particulier le jugement de ses compatriotes quand ils eurent le regret de le perdre, le 8 septembre 1889. Voici ce qu'écrira en effet, au lendemain de sa mort, une feuille du pays :

« Lundi, la paroisse de Flayat était en deuil. Une foule recueillie et émue remplissait la cour de l'antique château, rendant, par ses prières et par ses larmes, un dernier hommage à celui qui avait été le bienfaiteur d'un grand

Cosnac, chevalier de l'ordre royal et militaire de St-Louis, ordonnance du roi Louis XVIII. Il fut décoré le 28 janvier 1816. Il était lieutenant-colonel, aide-de-camp du duc de Penthièvre. Il avait épousé Marie-Louise-Hyacinthe d'Ussel, fille de Messire Marc Antoine, baron de Crocq et de Châteauvert, seigneur de St-Martial et de Flayat, chevalier de l'ordre royal et militaire de St-Louis.

1. Au nombre des correspondantes et des amies de Mme de Maintenon, nous trouvons une Dame de Brinon que cette femme célèbre qualifiait de « personne *d'une distinction rare* et *d'un esprit remarquable* ».

nombre et l'ami de tous : M. le Comte de Brinon.

» La vie tout entière du cher défunt justifiait cette manifestation autour de son cercueil. L'aménité de ses manières aussi bien que l'intelligence et le tact qui rendaient ses relations si sympathiques, si étendues, attiraient au château de Flayat de nombreux et distingués visiteurs. Son obligeance, comme sa longue pratique des affaires, en faisaient un voisin précieux. Dans les accidents et les cas pressants, il remplaçait l'homme de l'art et donnait aisément les premiers soins.

» Les malheureux savaient que la porte de sa demeure leur était toujours ouverte ; aussi, les bénédictions dont DIEU a comblé la nombreuse et excellente famille de M. de Brinon, attestent une fois de plus, avec évidence, que les aumônes et les bonnes œuvres sont le salut des familles.

» Lorsque la terrible guerre de 1870 éclata, M. de Brinon, ancien élève de Saint Cyr, se déroba à l'affection des siens pour aller au secours de la patrie, et les mobiles de la Creuse n'oublieront jamais leur capitaine d'Aubusson. A ce moment, un incident lui fit courir le plus grave danger, et ses amis tremblèrent pour lui, mais les prières d'une sainte épouse et de pieux enfants, menacés de devenir orphelins, écartèrent le péril et le préservèrent du danger dont il faillit être victime. Mais ce ne serait connaître M. de Brinon qu'à demi, si on ne voyait en lui que l'homme intelligent, recherché du monde par la distinction de ses manières et la variété de ses connaissances ; c'était encore un chrétien convaincu et pratiquant, dont l'assiduité aux offices était un grand exemple pour notre paroisse de Flayat. »

Lorsqu'il devait se célébrer quelque fête à la paroisse, et que la mère et les enfants partaient en bandes joyeuses, pour cueillir de la mousse, couper des sapins ou faire des guirlandes, le père, plus calme, les secondait dans leur travail, tout en y mêlant la note gaie et spirituelle. D'une adresse remarquable, il se faisait tour à tour menuisier, serrurier, peintre, écrivain. Artiste, tout en cachant soigneusement son talent, il peignait des vitraux pour l'église, dressait les échafaudages, illuminait le chœur et les chapelles et suspendait les décorations. Il observait rigoureusement les jeûnes et les abstinences de précepte ; il ne manquait jamais, non seulement la Messe du Dimanche et des Fêtes, mais pas même les Vêpres et le chemin de Croix, les mois de Marie, du Sacré-Cœur, du Saint Rosaire. Il portait toujours sur lui le chapelet ; et jamais on ne l'a vu sortir de sa chambre ni se coucher, bien qu'il fût quelquefois harassé de fatigue, avant d'avoir récité, en entier, la longue prière du Diocèse de Limoges.

Mme de Brinon, née Marie-Louise-Emilienne de Cosnac, joignait, à une grande distinction native, une douceur et une amabilité exquises, qui la faisaient estimer et aimer de tous. Amie de la paix et du calme, elle répandait autour d'elle et portait partout une sainte gaîté.

Sa charité pour les indigents était connue de tous : « Jamais, écrit sa plus jeune fille aujourd'hui religieuse, jamais je ne l'ai vue refuser à un pauvre. Non seulement elle donnait à tous ceux qui venaient solliciter à la maison, mais de plus elle allait voir, consoler, secourir chez eux les pauvres et les malades. A peine avais-je quatre ans, que déjà ma mère m'emmenait avec elle et m'enseignait par son exemple comment on doit visiter les indigents, consoler les malades et assister les mourants.

Un vieillard du pays venait chaque jour

demander l'aumône. Or, une fois, maman remarqua qu'il avait passé plusieurs jours sans venir. Elle fut le voir et le trouvant au lit, dans un état de malpropreté impossible à décrire, elle revint à la maison chercher tout ce qui était nécessaire pour le changer de pied en cap, ce qu'elle fit elle-même aidée de sa bonne, lavant, peignant le pauvre vieux, changeant son misérable lit. Tous les jours, jusqu'à sa mort, elle ne manqua pas d'aller le visiter, le soigner, lui porter vin, bouillon, volailles, confitures, etc.

« Je me souviens, continue la narratrice, que nous allions jusque dans des villages très éloignés. Il y avait une femme paralysée que maman visitait presque tous les quinze jours ; il fallait bien trois quarts d'heure pour s'y rendre. L'infirme, qui descendait d'une illustre famille, avait, paraît-il, une histoire, ce qui prouve qu'elle ne fut pas heureuse : son fils fut condamné et déporté à Cayenne. La malheureuse Thérèse offrait ses longues tortures, — quinze ou vingt ans de paralysie, dans un de ces lits de campagne, véritables armoires où le patient est comme enseveli tout vivant dans une sorte de sépulcre, — en expiation pour les égarements de son fils qui, en effet, se convertit et retrouva la confiance de ses chefs. »

Pleine de compassion et de charité au dehors, Mme de Brinon était, au foyer, la femme forte telle que la décrivent les Saints Livres : admirable de dévouement, de tendresse et de piété. Elle se faisait surtout remarquer par une dévotion ardente envers la Sainte Eucharistie et un amour profond pour l'auguste Mère de DIEU. Elle appartenait au Tiers-Ordre de Saint-François et récitait fidèlement tous les jours l'office de la Sainte Vierge. Nombre de fois, et toujours avec de grandes consolations spirituelles, elle fit les pèlerinages de Lourdes, Issoudun, Orcival, Roc-Amadour, etc. Son grand et plus doux pèlerinage fut celui de Rome, qu'elle fit en 1875 avec sa fille aînée. Tous les jours et toute l'année elle se montra fidèle à sa lecture spirituelle dans le *Traité de la Perfection chrétienne* de Rodriguez, et jamais, par aucun temps, elle n'omettait sa visite au Saint-Sacrement.

Tels étaient, les parents d'élite que DIEU avait donnés à Octave.

Conformément à la pieuse coutume suivie dans la famille, l'enfant reçut le baptême le jour même de sa naissance.

Il eut pour parrain un Prêtre, l'abbé Victorin d'Ussel, son cousin. Sa marraine fut Mme Irma de la Salle de Rochemaure, issue de la famille du saint fondateur des Frères des Ecoles chrétiennes. C'était une amie d'enfance de Mme de Brinon, qui la considérait plutôt comme une sœur et qui lui témoigna toujours la plus vive tendresse. Cette femme d'une vertu rare et d'une haute piété se plaisait à revenir souvent, avec son mari qui l'égalait en ferveur chrétienne, passer ses vacances au château de Flayat. Elle devait mourir la même année que son filleul et le précéder de trois mois à peine dans la tombe.

Le nouveau-né fut mis en nourrice dans le village, à quelques pas de l'église, chez une femme reconnue de tous comme un modèle de modestie, d'honnêteté, de discrétion. On se plaira à dire plus tard qu'elle avait communiqué à son nourrisson quelque chose de sa grande réserve, un reflet de sa religieuse gravité.

Ce que nous avons dit du père et de la mère d'Octave nous donne à comprendre facilement ce qu'était le milieu dans lequel l'enfant fut élevé. Ce milieu ressemblait peu à ceux que nous façonnent trop souvent les mœurs et les coutumes de nos jours.

« La famille, dit le P. Gratry, c'est l'Eglise primitive et privée, c'est la religion naturelle, c'est un admirable symbole, une puissante préparation de la surnaturelle et universelle religion. »

Ainsi le comprirent M. et Mme de Brinon, et c'est pourquoi le soin de la famille fut toujours le grand souci de leur vie.

Au château de Flayat, se conservaient les habitudes patriarcales telles que l'esprit chrétien les a maintenues dans quelques familles malheureusement trop rares. On y menait une vie faite, tout à la fois, de noble simplicité et de remarquable distinction. Les pratiques religieuses y étaient scrupuleusement observées. Soir et matin, maîtres, enfants et domestiques se réunissaient pour une prière commune à laquelle s'ajoutait, le dimanche, la lecture de l'Evangile.

Avant et après les repas, qu'il y eût des étrangers ou non, et que ces étrangers fussent dévots, indifférents ou même hostiles à la religion, la mère disait toujours à haute voix le *Benedicite* et les *grâces*. Parfois on voyait des jeunes gens moqueurs et de vieux sceptiques prendre un air presque dévot.

La mère et les jeunes filles assistaient à la

messe tous les jours, hiver comme été, et communiaient plusieurs fois la semaine. Le père et les garçons y assistaient fidèlement, outre les dimanches et fêtes d'obligation, les jours où se célébrait quelque solennité liturgique. Quand toute la famille devait prendre part à la sainte Communion — ce qui arrivait assez fréquemment — on s'y préparait en commun, pendant trois jours, par la lecture d'un chapitre de l'Imitation.

Tout, dans les habitudes et dans le règlement de vie, donnait à la vie familiale le cachet du sérieux et de la gravité, et une sévérité bien entendue présidait à l'éducation des enfants. Le père et la mère n'avaient point coutume, comme il arrive souvent, de subir les caprices de leurs enfants. De bonne heure, ils les habituaient à plier leur volonté sous le joug d'une prompte et parfaite soumission. Le mensonge et la désobéissance étaient toujours sévèrement punis, même avec la verge si le besoin s'en faisait sentir.

Mme de Brinon tenait strictement à l'ordre et à la propreté, et il ne fallait pas que les enfants missent, sur ce point, sa patience à l'épreuve ; ils en arrivaient toujours à le regretter.

Un jour, six des aînés, frais et pimpants, s'en vont à la source qui coule dans la cour pour y jouer aux *étangs*, leur jeu favori. Mme de Brinon, qui attendait des visiteurs à dîner, aperçoit son petit monde pataugeant à qui mieux mieux autour d'une flaque d'eau. Elle appelle la bande joyeuse. On accourt ; les mains, le visage, les habits portaient des taches accusatrices. La mère gronde fort, puis fait mettre en rang pour donner... le fouet. Les étourdis rient d'abord et se préparent à recevoir philosophiquement la correction qui les attend. Mais à peine le premier a-t-il subi son châtiment que la scène change. Les rires se changent vite en larmes au fur et à mesure que la main ferme de la mère dirige le cruel instrument. Cette courte séance fut si pittoresque, les uns riant les autres pleurant, que la mère eut de la peine à garder son sérieux, mais la leçon était donnée et l'on en profita. Mme de Brinon avouera plus tard qu'il lui en coûta bien des larmes pour surmonter les faiblesses de son amour maternel, mais en vraie chrétienne, elle fit toujours taire la nature pour ne penser qu'à son devoir et former au bien les êtres si chers que DIEU lui avait confiés.

A table et au salon, les enfants ne parlaient

presque pas, et, s'ils le faisaient, il fallait que ce fût toujours avec la réserve la plus parfaite et sur le ton du respect le plus absolu.

Leur nombre sans doute justifiait un peu cette mesure, mais de plus elle s'inspirait de l'amour de la discipline et du désir de donner une formation sérieuse en réprimant les premiers écarts du jeune âge, et en faisant acquérir l'habitude de réprimer plus tard ceux plus graves de l'adolescence et même de la maturité. C'était, en réalité, une éducation à longue portée dont la bienfaisante influence devait se faire sentir durant la vie toute entière.

Ces pieux parents avaient l'âme chaude que donne le CHRIST ; et cette âme, ils s'appliquaient à la verser dans celle de leurs enfants, en les élevant avant tout pour la vertu et pour le ciel. Telle fut toujours la vraie raison de leur sévérité.

Cette sévérité du reste n'était point de la rigueur, car une affection profonde venait la tempérer. Aux heures de délassement, on jouait avec entrain. Le travail était judicieusement coupé par d'agréables et joyeuses promenades, des parties de pêche, des excursions dans les bois, etc. Des visites fréquentes de parents ou d'amis venaient rompre aussi, de temps à autre, la monotonie de la vie quotidienne.

Octave prenait sa large part aux amusements de ses frères et de ses sœurs. Il dépassait même parfois, dans son ardeur, les limites d'une juste prudence. On conserve encore le souvenir d'une chute qu'il fit dans un réservoir avoisinant le château, et qui eût pu coûter cher à l'espiègle si la bonne, qui fort heureusement avait aperçu à temps la dégringolade, ne fût accourue à son secours. Le drame se borna à un bain lamentable qui du reste n'eut pas de fâcheuses conséquences.

Pourtant l'enfant était timide. Un trait nous montrera qu'il était même peureux.

Pendant les vacances, on allait souvent passer la journée entière à Châteauvert, grande forêt à quatre kilomètres de Flayat, coupée par un petit ruisseau où les enfants pêchaient les écrevisses. Un jour, la garde des provisions fut confiée à Octave et à sa sœur plus jeune que lui. En cas d'alerte, ils devaient donner l'alarme. Ils n'y manquèrent pas. Avec les chevaux qui avaient amené toute la jeunesse, il y avait un âne qui avait porté les provisions. La bête broutait tranquillement autour des voitures, mais elle parvint à dénouer sa longe sans que les deux gardiens y eussent pris garde. Tout à coup, la petite sœur pousse un cri : « Octave, un loup !... » Je ne sais quelle forme noire avec deux yeux brillants sortait en effet du fourré. Vite, Octave de fuir et d'annoncer le loup, pendant que maître Aliboron fourrageait dans les provisions et se payait un copieux repas au dépens des pêcheurs. Les aînés arrivèrent en hâte et aperçurent le fameux loup. On devine s'ils firent au courageux Octave les compliments qu'il méritait. Au retour, les frères prirent plaisir à raconter aux parents la bravoure du fidèle factionnaire, et les quolibets allèrent naturellement leur train.

Souvent aussi on s'amusait pieusement, et dans ces sortes de divertissements Octave était le plus souvent à la tête.

On aperçoit encore au coin de la cour, à droite, un if séculaire, aux troncs multiples et au feuillage épais. C'était l'endroit consacré aux pompes enfantines. On installait, dans le branchage touffu, de petites chapelles où l'on reproduisait vaguement les cérémonies de l'Eglise sous la haute direction d'Octave, le curé de céans, et où l'on chantait des cantiques connus. Pieux cantiques et cérémonies solennelles étaient forcément, dans un tel fouillis de branches, suivis de déchirures plus ou moins graves faites aux vêtements. Octave, sans rien dire, tâchait de se procurer une aiguille et de réparer lui-même les dégâts inopportuns, au grand désespoir de la lingère dont le travail devenait ainsi beaucoup plus long et plus compliqué !

Lorsque M. de Brinon fut parti, comme nous l'avons dit, à la tête des mobiles, Mme de Brinon, qui jusqu'alors n'avait pas voulu confier à d'autres le soin d'initier ses enfants aux premières connaissances, comprit que la tâche de maîtresse de classe lui serait désormais difficile, ou mieux impossible. Dès le commencement d'Octobre, elle demanda donc à un jeune séminariste, M. l'abbé Rougier[1], un voisin admis déjà dans l'intimité de la noble famille, d'organiser des classes au château pour tous les enfants, moins l'aîné, qui venait de subir avec succès les épreuves du baccalauréat et qui suppléait, autant que possible, auprès de ses jeunes frères et sœurs, à l'absence du père.

Octave commença alors ses études de latin. Après Pâques, il partit avec cinq de ses

1. Aujourd'hui M. le chanoine Rougier, supérieur de l'Institut diocésain de Felletin (Creuse). Que sa modestie veuille bien tout au moins nous pardonner cette note.

frères pour continuer ses études au petit séminaire de Felletin où ils passèrent ensemble l'année suivante.

En 1872, sur les prières instantes de M. et de Mme de Brinon, Mgr Duquesnay, évêque de Limoges, accorda à la famille, pour deux ans, M. l'abbé Rougier, avec lequel les cours furent réorganisés.

Ce ne fut pas seulement à la culture de l'intelligence que se bornèrent les efforts du pieux et habile directeur ; il comprit mieux toute l'étendue de sa mission. En même temps qu'il travaillait à orner l'esprit de ses élèves, il s'appliquait aussi à former leur âme, ajoutant ses enseignements et ses conseils aux conseils et aux enseignements du père et de la mère.

Octave mettait toute son application à tirer profit de ces précieuses leçons. A mesure qu'il grandissait, on constatait en lui un notable développement de ses qualités naturelles. Hors le temps des récréations, il fuyait déjà le bruit ; il n'aimait pas les plaisanteries, et son extérieur prenait chaque jour un tel caractère de gravité, il indiquait des goûts si sérieux que volontiers on disait tout haut : *Un jour cet enfant sera prêtre !...*

Il recherchait de préférence la compagnie de sa mère ou celle de sa sœur aînée, que tous, comme pour saluer en elle la future religieuse, appelaient déjà « Sœur Marie ».

Le bonheur d'Octave était de servir à l'autel, et ses attraits étaient pour l'église. Il considérait comme un privilège de pouvoir sonner l'*Angelus*. Parfois, le soir, le sacristain le surprenait blotti dans un coin, près du clocher. L'enfant réclamait timidement la faveur de tinter la salutation angélique, et, naturellement, cette faveur ne lui était jamais refusée.

Si le petit se trouvait en retard à l'heure du repas, on savait où le chercher. Il suffisait de monter dans sa chambrette ; on était sûr de le trouver là, aux pieds de sa statue de la Vierge Immaculée : *il n'avait pas*, disait-il, *fini son chapelet.*

Autour de la sainte image, il avait dressé lui-même une petite chapelle dans laquelle il se plaisait à faire brûler des cierges. Ces cierges étaient son œuvre, et l'œuvre n'était point compliquée. Il recueillait soigneusement les débris de cire ou de bougie qu'il pouvait rencontrer dans la maison, les faisait fondre, puis les coulait gravement dans une tige de sureau creusée par lui à dessein. La niche transformée en chapelle se trouvait à la tête de son lit, et le soir, avant de s'endormir, il aimait à veiller quelque temps devant sa Mère du ciel qu'il priait dans toute la simplicité de son cœur, et de toute la ferveur de son âme. La Vierge bénie lui rendra bien son amour, car la vie et la mort du pieux enfant seront admirablement protégées par l'intervention de cette divine Mère.

A l'âge encore si tendre où il se trouvait, Octave donnait déjà des preuves touchantes de la délicatesse de son cœur et de sa charité pour les pauvres. Il avait demandé et obtenu pour son usage personnel, un jardinet qu'il cultivait de ses propres mains. Il y semait ou plantait les fleurs les plus belles, les arrosait avec amour, et les surveillait de près, dès que la classe lui laissait un moment de liberté. Quand il avait prélevé pour la Vierge les fleurs les plus éclatantes et les plus parfumées, il portait les autres à sa bonne maman et offrait de les lui vendre : « Mais que veux-tu faire de cet argent ? » lui demandait sa mère qui devinait déjà les délicates intentions de son enfant. Timide et presque honteux de trahir son secret : « Ce sera pour les pauvres », répondait-il. La mère, émue et ravie, payait plus que largement, et Octave tout heureux portait aux malheureux le modeste fruit de son travail.

Malgré son jeune âge, l'enfant pensait déjà à l'apostolat lointain et il en parlait. « Il voulait, disait-il dans sa naïveté, aller plus tard convertir les Chinois. » Pour lui, les Chinois, c'étaient les pauvres sauvages. Il formait avec sa sœur aînée des projets d'avenir, projets d'enfants sans doute, mais où se trahissait d'avance la pensée qui allait bientôt faire le fond de ses aspirations et orienter sa jeunesse.

Octave grandissait timide et craintif au sein de la nombreuse famille. Sous un extérieur extrêmement réservé, il cachait une volonté ferme, poussée même quelquefois jusqu'à une ténacité outrée. Il rachetait ce défaut par une affection tendre, une charmante simplicité et une entière franchise.

On le voit, son enfance fut simple, d'une simplicité si parfaite qu'elle semble un miroir où, comme dans la clarté du ruisseau se reflète un paysage, se reflétaient les trop courtes années qu'il devait passer ici-bas. Il aimait naïvement et profondément ses parents. De l'amour qu'il leur portait, il montera sans effort à l'amour de ce DIEU qui le poussera vers la vie religieuse et le sacerdoce. Dans ces êtres si chers, il verra instinctivement, comme s'il eût eu devant lui leurs vivantes images, le Père

ÉGLISE DE FLAYAT, DANS LAQUELLE OCTAVE FIT SA PREMIÈRE COMMUNION.

qui est au ciel, et celle qui ne fut la Mère de DIEU que pour être mieux la Mère des hommes.

A douze ans, nous le voyons, innocent comme à son baptême, se préparer au plus grand acte de sa vie, c'est à dire à sa première Communion, avec une piété ravissante. Telle était la délicatesse de son âme, qu'à la veille de la touchante solennité, il fallut l'aider à faire son examen de conscience et le rassurer sur ses craintes exagérées. Il s'approcha pour la première fois du banquet eucharistique le 8 mars 1874. Ce jour-là, on crut voir, à Flayat, comme une image vivante de l'angélique Louis de Gonzague. Les divins entretiens de JÉSUS avec le communiant furent si intimes que le cierge manqua de brûler la main de l'enfant sans que celui-ci s'en aperçût. Son âme était tout absorbée dans la pensée de Celui qui daignait le visiter !

Cette rencontre d'un cœur qui s'ouvre dans sa pureté, comme dans une blancheur d'aube, avec l'infinie beauté et l'infinie bonté du DIEU vivant qui avait prévenu Octave dès les premières lueurs de son enfance, décidera sans doute de sa vocation future. JÉSUS-CHRIST qu'il a reçu dans sa poitrine va travailler plus que jamais son âme et l'heure arrive où l'éphémère, mais ineffaçable émotion de l'enfant engendrera l'offrande de l'être entier au DIEU Créateur et à JÉSUS Rédempteur !...

CHAPITRE II.

L'APPEL DE DIEU. — LE DÉPART.

Issoudun. — Une pieuse pèlerine aux pieds de Notre-Dame du Sacré-Cœur. — Naissance d'une vocation. — Le R. P. Vandel. — La Petite-Œuvre du Sacré-Cœur. — La parole décisive. — Touchants adieux. — Chezal-Benoit.

OCTAVE allait bientôt achever ses douze ans, et le moment approchait où il faudrait se choisir une carrière pour orienter les études vers le but qu'il se serait fixé.

L'enfant montrait une piété profonde, c'est vrai, les choses de l'église avaient pour lui un grand attrait, mais rien de bien déterminé ne se dessinait encore. Il fallait que la Providence se chargeât elle-même d'éclaircir les doutes et de préciser les inclinations du cœur. Elle le fit et, comme toujours, d'une façon admirable.

L'époque où nous nous trouvons marquait

un mouvement important et spontané des foules vers Issoudun, en Berry. Marie, invoquée sous le titre de Notre-Dame du Sacré-Cœur, se plaisait à y manifester sa gloire par des grâces si extraordinaires, que le nom de la petite ville avait franchi les frontières de la France pour se répandre, non seulement en Europe, mais même dans le monde catholique tout entier. En 1869, Mgr de la Tour d'Auvergne, Archevêque de Bourges, couronnait solennellement, au nom de Pie IX, la statue miraculeuse ; et en 1873, le Souverain Pontife daignait honorer son sanctuaire du titre de Basilique. Plus de trente mille pèlerins accouraient, au mois de Septembre de la même année, pour prendre part aux solennités qui, à cette occasion, furent célébrées dans la virginale et somptueuse demeure de la Vierge bénie.

L'écho de ces fêtes arriva jusqu'à Flayat où Notre-Dame du Sacré-Cœur était déjà connue et aimée.

Dans l'été de 1874, Mme de Brinon voulut refaire son pèlerinage au sanctuaire de Marie et profiter même de cette circonstance pour retremper sa ferveur dans une retraite faite sous le regard et la protection de cette divine Mère, dispensatrice de toute grâce.

Ce fut là, tout porte à le croire, le berceau de la vocation d'Octave. Durant ces jours de recueillement, la pensée de la pieuse mère se reporta souvent sur sa chère famille. Au fond de son cœur si profondément chrétien, elle avait la sainte ambition de donner à DIEU l'un ou l'autre de ses enfants, et elle confia ce désir à Celle qui peut tout sur le Cœur de JÉSUS-CHRIST. Une voix secrète lui fit comprendre que DIEU avait exaucé sa prière et elle n'attendait plus que l'indication de la Providence. Cette indication allait venir sous la forme la plus simple et probablement aussi la plus inattendue.

A la fin de sa retraite, Mme de Brinon se présenta au couvent des Missionnaires du Sacré-Cœur, attenant à la Basilique. Là vivaient quelques Pères formant comme le germe de la Congrégation naissante fondée par le R. P. Chevalier, celui-là même qui, le premier, avait donné à Marie le titre de Notre-Dame du Sacré-Cœur et créé ce grand mouvement de pèlerinages qui affluaient vers Issoudun.

Un religieux arrive au parloir. Nous ne savons ce que dura l'entretien, mais sur la fin, au moment où la digne mère se préparait à prendre congé, le Père lui dit à brûle-pourpoint. « Madame, puisque le bon DIEU vous a donné une si nombreuse famille, ne voudriez-vous pas à votre tour en consacrer un au service du Sacré-Cœur et de Notre-Dame ? — Mais très volontiers, mon Père, répondit sans hésiter la pieuse mère, si l'un d'eux y consent et si la bonne Vierge daigne l'accepter ! » Dans la proposition du religieux, Mme de Brinon avait vu l'expression de la volonté de DIEU lui-même et, comme Marie, elle avait répondu dans son cœur : *Voici la servante du Seigneur : qu'il me soit fait selon votre parole !*

C'est l'âme comblée de joie et le cœur plein d'espérances que Mme de Brinon reprit le chemin de son cher Flayat. Tous s'y trouvaient réunis car on était aux vacances, et tous aussi attendaient avec impatience le retour de la pieuse mère.

Le soir même, à la table de famille, Mme de Brinon raconte son pèlerinage et fait part de ses impressions. Chacun la regarde, et on reste suspendu à ses lèvres : elle mettait tant d'onction dans son récit !...

Quand elle en arrive à son entrevue avec le vénérable religieux, elle prend un air plus grave : « Un Père, dit-elle, m'a demandé si je ne voudrais pas donner un de mes enfants à Notre-Dame du Sacré-Cœur. — Volontiers, ai-je répondu, celui qui le voudra, pourvu que la Sainte Vierge daigne l'accepter !... »

Les enfants se regardent muets, mais aucun n'ose répondre. La mère n'insiste pas ; elle jetait la semence et elle attendra patiemment que la grâce de DIEU la fasse germer.

Le moment de se lever et de sortir arrivé, on récite les prières d'action de grâces et chacun se retire. Mme de Brinon restait la dernière. Quand les autres sont partis, Octave s'approche d'elle, l'embrasse tendrement, et la voix émue mais décidée, le regard voilé par une larme, il lui dit à demi-voix : *Maman, ce sera moi !...*

Depuis longtemps sans doute, le cher enfant demandait à DIEU de lui montrer sa voie. Par les lèvres de sa mère bien-aimée, JÉSUS venait de lui dire comme autrefois à Pierre : *Veni, sequere me ; viens et suis-moi !...* Octave avait compris et toutes les taquineries de ses frères ne changeront plus sa résolution.

Que faire cependant et où aller pour répondre à l'amoureux appel de DIEU ? Comment l'enfant va-t-il, à douze ans, se préparer à la vocation de Missionnaire du Sacré-Cœur ?

Qu'on nous permette d'ouvrir ici une courte parenthèse :

Le 22 Novembre 1808, dans un humble village de cette partie de la Savoie qui fut évangélisée par saint François de Sales, naissait celui qui, plus tard, devait être le R. P. Vandel. Son enfance s'écoula sur les bords enchantés du Léman, au sein de cette nature grandiose et souriante qui n'a point l'écrasante et sombre immensité de l'Océan ; au pied de ces montagnes, belles encore, mais sans la sauvage âpreté des chaînes alpestres : cadre approprié à cette existence douce et pleine qui devait, en se déroulant dans le silence et l'humilité, entreprendre des œuvres si grandes et si visiblement bénies de DIEU.

En face du village de Nernier, de l'autre côté de la surface azurée et resplendissante du lac, on distingue sans peine un groupe de maisons, derrière lequel le Jura se dresse jusqu'au ciel, semblable à une haute muraille tapissée de verdure. C'est la petite ville de Nyon, dont, quarante ans plus tard, le P. Vandel sera curé. Il trouvait dans un prêtre pieux et savant, le *saint abbé* Fabre, comme le peuple continue à l'appeler, un initiateur aux vertus parfaites et aux études ecclésiastiques. La fidèle amitié qui se noua entre eux, survécut à tout, même à la mort ; et quand plus tard le P. Vandel apprendra le décès de son vieux maître, il lèvera les yeux au ciel en disant : *Bientôt ce sera mon tour !...* Hélas ! il dira vrai !...

L'abbé Vandel achève sa préparation au sacerdoce dans le célèbre collège des Jésuites, à Fribourg. Ordonné prêtre, le 7 juin 1846, il attend, pour offrir le premier sacrifice, jusqu'au 19, fête du Sacré-Cœur, pour lequel il devait montrer, toute sa vie, une si tendre et si profonde dévotion.

Curé de Nyon pendant plusieurs années, il a l'honneur insigne d'être persécuté par les protestants et il fait un bien immense au sein des plus grandes difficultés.

Le 8 décembre 1854, jour de la promulgation du dogme de l'Immaculée Conception, le P. Vandel, en célébrant la sainte messe, eut l'idée nette de l'*Œuvre des Campagnes*. Il la fonda à Paris, et au moment de sa mort, elle était répandue et prospère dans plus de trente diocèses de France.

Mais l'œuvre chère entre toutes à cet homme de DIEU fut, sans contredit, celle à laquelle il voulut donner lui-même le nom de *Petite-Œuvre du Sacré-Cœur*.

En 1865, la Providence lui avait ménagé la rencontre du T. R. Père Chevalier qui, depuis peu, avait fondé la Société des Missionnaires du Sacré-Cœur. Le P. Vandel était préparé de loin pour entrer dans les grandes vues du zélé fondateur. Il avait renouvelé à Paris, dans l'église de Notre-Dame des Victoires, la consécration que, le jour de sa première messe, il avait faite au Cœur de Notre-Seigneur et le billet sur lequel il l'avait tracée, était signé de son sang. Aussi, dès l'abord, la vocation de Missionnaire du Sacré-Cœur lui sourit-elle extraordinairement : « C'est là, je crois, écrivait-il, que le Bon DIEU me veut. » Pour obtenir la lumière du Ciel en cette circonstance, il aimait à répéter sa chère oraison jaculatoire : *Intentions, désirs, volontés du Cœur de Jésus, je m'unis à vous.*

Ce fut à cette époque, au jour de l'Annonciation de 1866, qu'il eut la première idée de l'école apostolique du Sacré-Cœur.

DIEU est infiniment généreux, non seulement en grâces ordinaires, mais encore en dons de choix. L'appel au sacerdoce, il ne le fait pas seulement entendre aux fortunés de la terre, mais aussi aux petits et aux déshérités. Il est le DIEU qui exalte les humbles et qui fait sortir le pauvre de sa bassesse : *Exaltavit humiles... suscitans a terra inopem.* Faut-il le dire ? Celui qui voulut tirer ses apôtres des derniers rangs du peuple, semble leur offrir plus volontiers, à eux, les grâces du sacerdoce et de l'apostolat.

Or que de fois cette vocation de pauvres, mais généreux enfants du peuple, ne périt-elle pas, faute de moyens matériels ?... Que de fois de vertueux adolescents qui, dans le silence de leur âme, entendent la voix de DIEU, ne voient-ils pas leurs projets les plus chers étouffés sous les implacables étreintes de cette indigence matérielle ?

De plus, chez ceux-là même, que DIEU a gratifiés des moyens terrestres, que de fois aussi la vocation au sacerdoce et à la vie religieuse n'est-elle pas entravée ou exposée à se perdre !

Toute plante, pour germer et pour se développer, a besoin d'être traitée, préservée, soignée ; et plus la plante est délicate, plus délicats aussi doivent être les soins. Il en est de même de la vocation.

C'est DIEU qui la sème dans les âmes, mais n'oublions point que ces âmes sont des âmes d'enfants, entourées de péril, de tentations,

LE T. R. P. JULES CHEVALIER

Fondateur de la Congrégation des Missionnaires du Sacré-Cœur,
de la Congrégation des Filles de N.-D. du Sacré-Cœur,
de l'Archiconfrérie et des Annales de Notre-Dame du Sacré-Cœur.

d'ennemis de toute sorte ; des âmes d'enfants, par conséquent, des âmes plus sensibles aux attraits qui les sollicitent, et plus susceptibles, à mesure que leurs puissances se développent et s'ouvrent à la vie extérieure, de subir l'influence du dehors et de laisser évaporer le parfum reçu du Ciel.

Le P. Vandel, après trente ans de ministère à travers les villes et les campagnes, devait être et fut en effet frappé de ces pensées, et DIEU lui mit au cœur le désir ardent de favoriser, dans la mesure de ses forces, les vocations apostoliques ; soit en procurant des ressources à ceux qui n'en avaient pas, soit en donnant un asile sûr et favorable à ceux qui voudraient mettre leur vocation à l'abri de tout danger.

Cette pensée, le T. R. P. Chevalier et le P. Vandel la mûrirent ensemble dans la prière; puis, le moment venu, ils fondèrent la *Petite-Œuvre*. Désormais, le P. Vandel lui donnera toutes ses sollicitudes, toutes ses fatigues, tout son cœur. Il en sera le père, le soutien, le directeur; il en fera l'occupation, le charme, le tout de sa vie ; il la personnifiera à ce point que le souvenir de l'un deviendra inséparable du souvenir de l'autre.

Le 2 octobre de la même année, le jour de
a fête des Saints Anges, fut fixé pour la récep-
ion des douze premiers élèves. Ils furent ins-
allés dans une modeste habitation de campagne située près d'une bourgade peu éloignée
l'Issoudun, à l'ombre d'un antique monastère
le Bénédictins d'où les religieux furent chassés
pendant les jours de la Révolution, et qui,
lepuis quelques années, était devenu, sous la
lirection d'un prêtre remarquable, M. l'abbé
Dubouchat, une institution libre florissante.

Chezal-Benoît, solitude pleine de douceur et de charmes, sur une colline enserrée d'une immense et séculaire forêt, et complètement isolée du bruit dissipant et du contact pernicieux du monde, fut le lieu prédestiné pour être le berceau de l'œuvre.[1]

Les commencements furent petits, pénibles, embaumés de pauvreté, de sacrifice, mais aussi de sainte joie. Peu avant l'installation, Pie IX avait donné ses louanges et ses bénédictions. C'était comme une sanction définitive de la volonté divine et un présage assuré de succès.

La Petite-Œuvre était donc fondée. Désormais, au milieu des difficultés des temps, silen-

1. Voir *Annales Belges*, 1889.

cieusement et invariablement elle poursuivra sa marche et multipliera ses accroissements pendant que le vénéré fondateur ne cessera, jusqu'à sa mort, de se dépenser pour elle.

Pendant la guerre terrible, les enfants durent rentrer dans leur famille, mais l'épreuve ne fut pas de longue durée. En 1871, à la faveur de la paix, ils purent reprendre le chemin de leur chère solitude, continuer leurs études et se remettre à leur vie de piété.

C'est donc là, dans cet asile de formation que DIEU semblait appeler le jeune Octave. Les démarches faites auprès du Directeur, et qui d'ailleurs ne furent pas longues, aboutirent à l'admission de l'enfant.

Qui dira l'émotion de notre aspirant-missionnaire quand sa mère lui présenta la lettre par laquelle le P. Vandel lui annonçait la grande nouvelle ! Dès ce moment, il comprit que ses désirs n'allaient plus se perdre dans un rêve, mais que la bonté de DIEU allait enfin les réaliser. Son premier mouvement fut de rendre grâces au ciel.

On était au mois d'Août, et les classes ne devaient recommencer que le 3 octobre. Le temps qui restait fut employé aux préparatifs. On devine aisément les sentiments qui se partagèrent le cœur d'Octave pendant ces longues journées qui le séparaient encore de sa chère Petite-Œuvre. Ce furent des alternatives de joie profonde et de bien compréhensible tristesse.

PREMIÈRE MAISON DE LA PETITE-ŒUVRE A CHÉZAL-BENOIT.

D'un côté, il bénissait DIEU d'avoir daigné l'appeler à le servir dans sa maison bénie, et à s'y préparer par l'étude et la pratique de la vertu à sa vocation de prêtre et d'apôtre ; de l'autre, il ne pouvait pas s'empêcher de penser au sacrifice immense qu'allait exiger de lui, pour de si longues années, la séparation de sa famille tant aimée !

Enfin, octobre approche, amenant le jour fixé pour le départ. Dès le matin, au vieux château, on remarque un mouvement insolite ; et sur le visage, non seulement des maîtres, mais aussi des serviteurs, on voit se dessiner une ombre involontaire de tristesse. C'est en vain qu'on cherche à la dissimuler pour ne pas rendre au cher partant le déchirement plus cruel, elle perce malgré tout ; et les larmes furtivement essuyées prouvent que ceux qui restent souffrent autant, peut-être plus, que celui qui va partir. Le père tâche de se montrer fort, la mère de conserver son calme : au fond des cœurs, les sanglots menacent de monter et d'éclater.

Quand sonne l'heure des adieux, Octave embrasse les siens une dernière fois, avec toute la tendresse de son âme, et franchit le seuil de cette chère demeure où son enfance s'était écoulée, si paisible au milieu des caresses et des bons exemples de ses parents, de ses frères et de ses sœurs. Parvenu à l'extrémité de la cour, avant de descendre l'escalier, il se retourne une dernière fois, et, les yeux humides de larmes, il envoie d'un geste de la main un suprême adieu à la maison paternelle. Puis, courageusement et sans faiblir, il s'en va.

Qui donc, à Flayat, ne se souvient de ce départ ? Les frères d'Octave, émus, l'accompagnent en pleurant, sur la route. Seul, notre petit apôtre, surmontant sa peine, semblait aller à une fête. Son cœur naïf et doux trouvait une bonne parole à dire à chacun, et il les consolait tous en leur promettant de revenir, un jour, dire sa première messe dans la chapelle de famille. Au moment où il allait disparaître, une servante s'approche et faisant allusion au désir des missions qu'Octave avait si souvent manifesté, lui dit en sanglotant : « Pauvre Monsieur Octave, n'allez pas surtout vous faire manger par les sauvages ! » L'enfant se contenta de sourire, en disant : « Soyez sans crainte, le Cœur de JÉSUS veillera sur moi ! »

Si vaillant et si généreux qu'il pût être, le cher enfant avait reçu en partage une nature trop affectueuse pour ne pas ressentir profondément les déchirements de la séparation. Qui sait d'ailleurs si, au fond de son cœur, une voix secrète et mystérieuse ne lui faisait pas entrevoir toute l'étendue de son sacrifice et pressentir qu'il ne reverrait plus son Flayat ?

Sa digne mère, vraie femme forte, acceptant

pour elle-même, avec toute la résignation et tout le courage qu'inspire la vertu, la douleur de la séparation, voulut cependant adoucir celle de son enfant en le conduisant jusqu'au terme du voyage. Malgré les efforts qui se firent de part et d'autre pour montrer un visage souriant, le trajet fut naturellement triste. Que de pensées se précipitaient dans l'esprit d'Octave ! Jusque-là son éloignement n'était qu'un rêve, quelque chose à venir, maintenant c'était bien la réalité. Son père, ses frères, ses sœurs, ne sont plus là près de lui ! Peut-être là-bas, dans le vieux château, pleurent-ils encore son départ ! Sa mère est auprès de lui, il est vrai, mais, dans quelques jours, il ne la verra plus !...

Voici Issoudun, la ville de Notre-Dame du Sacré-Cœur ! Ce nom vient arracher les voyageurs à leurs sombres pensées ; il semble déjà mettre un baume sur la blessure.

La première visite de la mère et du fils seront, bien entendu, pour la douce et aimable Vierge. Ils se rendent donc à la Basilique. L'image de Marie rayonne au fond du sanctuaire. La tendresse de son regard et la bonté de son sourire semblent les inviter tous deux, et la mère qui fait le sacrifice de son enfant, et l'enfant qui fait le sacrifice de sa mère, à la confiance et à l'abandon. Ils prient avec ferveur ; tous les deux demandent à la Reine du ciel de bénir la vocation naissante, puis ils se relèvent réconfortés. Mieux que jamais, l'enfant

LA BASILIQUE DE NOTRE-DAME DU SACRÉ-CŒUR
ET MAISON DES MISSIONNAIRES EN 1905.

a compris auprès de Marie la vérité de la parole : *Non sum natus præsentibus sed futuris. Je ne suis pas né pour les choses du temps, mais pour les choses de l'éternité !...*

Après un jour ou deux passés auprès de la Mère des grâces, Octave, accompagné de

Mme de Brinon, se dirige vers Chezal-Benoît.

Comme toujours, les élèves accueillent le nouveau venu avec une joie expansive et sincère. Par leur charité, leurs attentions, les témoignages de l'affection la plus sincère, ils tâchent de faire oublier au jeune condisciple que la Providence leur envoie, les chagrins de la séparation. Ils le font avec d'autant plus de délicatesse qu'ils savent eux-mêmes, par leur propre expérience, ce qu'il en coûte de s'arracher aux soins et aux caresses d'une mère.

Obligée de rentrer au plus tôt à Flayat où chacun attendait impatiemment des nouvelles du cher disparu, Mme de Brinon fit à Octave ses dernières recommandations et partit, naturellement le cœur bien gros.

Celui qui écrit ces lignes fut témoin, il y a peu de jours, dans un voyage qu'il faisait en Belgique, d'une petite scène qui le toucha profondément. A une certaine gare du parcours, un jeune homme monta. En attendant le départ du train, le vieux père qui l'avait accompagné gardait un silence ému. Quand le signal du départ fût donné, le vieillard sortit de sa poitrine un grand crucifix, le baisa avec un profond respect, puis le présenta aux lèvres du jeune homme, qui le baisa à son tour. Ce geste si grandiose dans sa simplicité fut leur dernier adieu. Le jeune homme partait pour l'Afrique,et le pauvre vieillard paraissait n'avoir que peu de temps à jouir encore de la vie, mais il lui sembla que tant que son fils serait à JÉSUS-CHRIST, il ne serait point parti tout entier et que son âme resterait unie à la sienne.

Avec JÉSUS dans le cœur et son nom béni sur les lèvres, toutes les croix deviennent légères. Mme de Brinon laissait son enfant, et l'enfant quittait sa mère, mais leurs deux âmes demeuraient unies dans le CHRIST. Leur cœur confondait leur commune blessure dans la blessure du Cœur de leur divin Ami !

Nous ne suivrons pas le jeune Octave dans chacune de ses journées : la vie de la Petite-Œuvre étant forcément uniforme, nous le rencontrerions presque constamment dans les mêmes occupations. Nous essayerons simplement de le montrer tour à tour étudiant intelligent et consciencieux, aimable condisciple, fils affectueux et docile avec ses parents et avec ses maîtres, aspirant religieux et missionnaire, novice fervent et scolastique exemplaire. Dans un dernier chapitre, nous retracerons ses derniers jours et les détails édifiants de sa sainte mort.

CHAPITRE III

L'ÉTUDIANT

L'élève de cinquième. — Peu mais bien. — Mémoire ingrate. — Timidité outrée. — Un remède original. — Les sciences et le vers latin. — Curiosité flatteuse. — Les auteurs anciens à la Petite-Œuvre.

LORSQU'OCTAVE entra à la Petite-Œuvre, celle-ci se composait d'une quinzaine d'élèves seulement. Ce n'était déjà plus la maisonnette primitive qui les abritait. Le R. Père Vandel, convaincu que ses enfants allaient croître et se multiplier sous la fécondante bénédiction du ciel, était parti à travers la France, tendant la main aux nombreux Zélateurs qui avaient fait si bon accueil à sa fondation et qui devenaient de plus en plus sympathiques et généreux. La moisson fut assez abondante pour lui permettre d'élever, à côté du vieux monastère, un bâtiment plus commode et plus spacieux.

L'œuvre n'avait alors que sept années d'existence et ses premiers enfants, qui comptaient à peine dix-neuf ou vingt ans, venaient d'achever leur rhétorique et de partir pour le noviciat.

Après un examen sommaire, Octave fut jugé capable de suivre la classe de cinquième. Il faut dire de suite qu'il ne fut pas des premiers : par suite de circonstances indépendantes de sa volonté, ses classes n'avaient pas été jusqu'alors bien régulières ; et de plus, à la Petite-Œuvre, les études sont plus fortes que dans les collèges ordinaires. On exige des élèves que l'on reçoit une intelligence au-dessus de la moyenne ; et comme ils sont moins nombreux, on peut les suivre de plus près, les cultiver avec plus de soin et leur faire fournir une plus grande somme de travail. Pour mettre Octave au niveau de ses condisciples, il fallut lui faire doubler la cinquième.

Dans ses livres sur l'éducation de la jeunesse, Mgr Dupanloup recommande souvent aux Maîtres de faire travailler les élèves avec une grande application ; il veut qu'on prenne pour devise : *Peu et bien ; très peu et très bien.* Ce grand éducateur eût été content d'Octave. Souvent ses devoirs restaient inachevés, mais par contre, ce qu'il faisait ne méritait que des éloges ; parfois même son travail était supérieur à son âge.

Bien doué sous le rapport de l'intelligence, Octave l'était moins sous le rapport de la mémoire. C'est de là surtout que lui vinrent ses difficultés dans les études. Certaines matières, comme l'histoire et la géographie, exigeaient de lui de grands efforts auxquels ne répondait pas toujours le succès. Sa grande timidité, s'ajoutant encore à la paresse de sa mémoire, lui rendait très pénible la récitation de ses leçons. Cela lui valut bien de temps en temps quelques petits sourires de ses frères, mais ces sourires ne le découragèrent jamais, non plus que les aimables taquineries de ses maîtres.

Il y avait alors à la Petite-Œuvre, comme professeur de sciences et d'histoire, un homme dont l'originalité égalait l'intelligence et dont la bonté l'emportait encore de beaucoup sur la bouillante vivacité. C'était un Alsacien qui, épris d'un véritable culte pour la France, s'était expatrié, après la guerre de 1870, et était venu chercher un asile à Issoudun, dans la famille des Missionnaires du Sacré-Cœur dont bientôt il devait faire partie lui-même. Il n'était encore que laïque, et tout en étudiant sa vocation, il professait à Chezal-Benoît. Ancien instituteur, il aimait ardemment les enfants, et les enfants, à leur tour, en dépit, peut-être même à cause de ses saillies vives et originales, lui avaient voué une sincère et profonde affection.

Or, un jour, le bon M. Joseph, comme on l'appelait alors[1], arrive en classe le sourire sur les lèvres. Il était décidément de bonne humeur et les élèves s'en réjouissaient, quoique l'événement ne fût pas rare. Octave se trouvant précisément le plus rapproché de la porte, le professeur, en entrant, va droit à lui, et lui fait une petite caresse en lui disant : « Eh bien, mon petit Octave, comment allons-nous ce matin ?... »

En se voyant ainsi, devant ses camarades, l'objet d'une attention si particulière et si inattendue, l'enfant commence à rougir.

Après quelques phrases, le professeur prenant son air sérieux : « Allons, mon cher enfant, vous allez nous réciter votre leçon ; commencez... »

Tout cela avait interloqué l'élève. Après un moment de silence : « Voyons, mon enfant, allez-vous me dire votre leçon ?... »

Le pauvre Octave n'y était plus, sa timidité

1. Plus tard le P. Joseph Baltzer, mort à Salzbourg, l'an dernier, dans un âge très avancé.

le paralysait. « Or çà, Monsieur le Comte, croyez-vous que je vais attendre jusqu'à ce soir? Dépêchez-vous, s'il vous plaît !... »

De plus en plus Octave restait sans voix : « Allons, mon petit polisson, vite votre leçon ou je vous fais passer par la fenêtre !... »

A ces mots prononcés d'une façon tragique, le brave Octave prenait déjà peur, lorsqu'un immense éclat de rire vint heureusement le rassurer et lui faire comprendre qu'il ne connaissait pas encore son professeur. Il saura bientôt qu'il ne fallait point prendre au sérieux une simple boutade qui n'était pas la première chez le bon M. Joseph et sûrement ne devait pas être non plus la dernière.

Octave n'éprouvait aucune passion pour les sciences positives ; la physique, la chimie, les mathématiques ne l'attiraient pas outre mesure. Volontiers il eût pris à son compte le dédain que Chateaubriand affichait pour les formules algébriques et les figures de géométrie. Le tableau noir ne lui disait rien qui vaille, et volontiers il s'en tenait à distance. Pourtant le devoir était là, et malgré son peu d'aptitude, l'enfant s'y appliquait très consciencieusement.

Le vers latin était encore un de ses tourments. Jamais il n'arriva à le tourner d'une façon convenable. Rarement il leur donnait le nombre de pieds voulu; un de plus, un de moins, cela pour lui ne tirait pas à conséquence ; et la fantaisie avait une part plus que raisonnable dans l'agencement des longues et des brèves.

Toutefois, Dieu merci, il n'en était pas de même en tout.

Octave en effet cultivait avec beaucoup plus de goût, et par là même, avec beaucoup plus de succès les matières littéraires ; elles s'harmonisaient mieux avec la tournure de son esprit. Ses devoirs français avaient, fond et forme, une marque de distinction et un cachet de délicatesse qui tranchaient sur le travail de ses camarades.

Chaque classe possédait son *cahier d'honneur* qui s'ouvrait pour recevoir les meilleures compositions. La signature d'Octave y revient assez fréquemment. A tour de rôle, les élèves de rhétorique rédigeaient les annales intimes de la Petite-Œuvre. On y racontait, tantôt d'une façon plaisante, tantôt d'une manière grave, les événements extraordinaires de la maison, les incidents de la vie d'écolier, les faits saillants qui venaient rompre la monotonie de la vie quotidienne. Octave y a laissé des récits particulièrement gracieux. Nous aurions désiré y glaner quelque chose pour nos lecteurs ; malheureusement ces cahiers ont suivi en exil, à Fribourg en Suisse, nos futurs petits missionnaires.

Les qualités qu'il mettait dans ses compositions françaises, Octave les mettait aussi dans ses compositions latines : élégance de la tournure, cadence de la période, expressions toujours choisies. Lui qui ne pouvait que difficilement retenir et répéter par cœur un morceau de longue haleine, gardait facilement les mots expressifs, les phrases, les idées saillantes des grands auteurs, et dans ses dissertations, il savait en tirer un excellent parti et les adapter avec beaucoup d'à-propos.

A la façon intelligente dont il procédait dans ses lectures, il devait nécessairement, réfléchi comme il l'était, orner son esprit de beaucoup de traits et d'expressions de choix. « Pour lire, écrivait-il à sa mère, je mets devant moi une feuille de papier. Toutes les fois que je rencontre un passage frappant, je marque sur la feuille, d'abord la page, puis les premiers mots de la phrase, et ainsi de suite jusqu'à la fin du livre. Une fois celui-ci terminé, je prends la feuille et je transcris dans un cahier à ce destiné, tous les endroits que j'ai marqués[1]. »

Mais la partie spéciale, la matière de prédilection d'Octave, était l'étude de la langue grecque.

On a toujours donné et on donne encore, à la Petite-Œuvre, une place de choix aux langues anciennes. Dès la cinquième, les élèves avaient traduit, analysé, appris par cœur un petit livre qui était alors fort en vogue, l'*Anthologie grecque* de M. l'abbé Maunoury. Qui possédait bien ce substantiel ouvrage et son commentaire, arrivait peu à peu, avec la pratique, à traduire couramment et sans le secours du dictionnaire, les auteurs les plus difficiles. « Nous avons traduit alors, écrit un des professeurs d'Octave, un nombre considérable de Pères et d'auteurs profanes. La lecture courante de saint Jean Chrysostome, de saint Basile, etc., étaient un jeu pour nous ; pendant une classe on lisait ou traduisait facilement, à livre ouvert, des discours entiers ; c'était une vraie jouissance !... Ainsi ont passé successivement sous nos yeux : Homère et Xénophon, Hérodote, Démosthène,

1. Lettre à sa mère, 14 mai 1875.

Thucydide ; les grands tragiques eux-mêmes : Sophocle, Euripide et Eschyle qui présentaient cependant de plus sérieuses difficultés. »

Cette ardeur pour l'étude des langues anciennes se conserve jalousement comme une précieuse tradition chez les enfants de la Petite-Œuvre ; nous l'avons dit. Aussi maintes fois, aux épreuves du baccalauréat, nos candidats s'entendaient-ils demander avec surprise par les examinateurs : « Mais dans quel établissement avez-vous donc fait vos études ?... Où avez-vous étudié le latin.., où avez-vous appris le grec ?... »

Or, Octave était un des plus forts dans la langue des Attiques. Il aimait la logique qui caractérise cette langue, cette admirable combinaison de racines et de dérivés qui font son incomparable richesse. Les temps primitifs, si variés, parfois si compliqués, n'avaient point de secrets pour lui. Il possédait à la perfection son anthologie ; il avait fait sur elle des travaux surprenants pour son âge et il pouvait réciter ce petit livre grec, non pas tant pour l'avoir appris de mémoire que pour l'avoir approfondi, analysé, ruminé au point d'en avoir l'esprit tout imprégné. Ceci nous explique le goût prononcé qu'il manifestait pour la littérature grecque.

Remarquons de plus que si Octave ne tenait pas la première place, c'est parce qu'il faisait partie d'une classe particulièrement bien composée. Ce n'était qu'un groupe de neuf élèves, mais pour la plupart admirablement doués. Tous sont devenus religieux ; un seul, pour cause de santé, a dû renoncer à sa vocation et rentrer dans le monde ; ceux des autres que la mort n'a pas encore fauchés, sont maintenant prêtres et missionnaires. Que serait devenu notre cher Octave, si DIEU ne l'eût appelé si tôt près de lui ? Peut-être un écrivain distingué, peut-être un professeur de mérite, plus probablement un ardent missionnaire en Nouvelle-Guinée. Quoi qu'il en soit, tout porte à croire qu'il eût rendu de grands services à la Congrégation des Missionnaires du Sacré-Cœur, et travaillé généreusement, sous une forme ou une autre, à la sanctification et au salut des âmes !...

CHAPITRE IV

LE CONDISCIPLE

Famille modèle. — Charité délicate. — Le petit serviteur de ses frères. — Compassion bien placée. — Les chagrins de la séparation. — Bonté d'âme. — Les agréables surprises. — Les courses dans les bois. — L'amour de la toupie. — Bon accueil aux amis.

A L'ÉPOQUE où Octave se trouvait à la Petite-Œuvre, les enfants qui la composaient venaient indifféremment de tous les pays. Français, Espagnols, Anglais, Hollandais se trouvaient réunis sous le même toit et suivaient la même règle. Naturellement les caractères différaient beaucoup, car chacun apportait, avec son tempérament personnel, les marques de sa nationalité.

On pourrait croire que l'union des âmes fût, dans ces conditions, moins intime et la fusion des esprits moins complète. Selon toute probabilité, il en eût été ainsi dans un milieu plus humain. A la Petite-Œuvre où l'on vivait de l'esprit de foi, cela n'était pas. La charité régnait vivace et profonde, fusionnant, dans une douce concorde et une parfaite harmonie, ces éléments divers. Tous se regardaient comme les enfants d'une même famille, vivant sous le même toit, sous l'autorité du même Père, dans la poursuite d'un même but.

Aussi rien n'était plus touchant que d'entendre, chaque jeudi, à la messe de communauté, les élèves confondre leurs voix pour chanter le psaume : *Quam bonum et quam jucundum habitare fratres in unum... Qu'il est bon, qu'il est doux d'habiter ensemble comme des frères !...* On sentait que ces paroles ne venaient pas seulement des lèvres : elles montaient bien du fond du cœur.

Doux par nature, ami de la tranquillité et de la paix, avec cela désireux de pratiquer la vertu, Octave devait facilement se faire à cette existence toute de fraternité et d'union. Il n'avait pas de préférences naturelles ou, du moins, il ne les faisait point voir. Il n'a jamais connu ces amitiés dites *particulières* qui amollissent le cœur, diminuent la charité et deviennent souvent un danger. Il aimait tous ses condisciples sans distinction et à tous il donnait les marques de la plus sincère affection.

Prévenant pour tous ses frères, il l'était surtout pour les nouveaux venus auxquels, sans ostentation et sans bruit, il rendait service de son mieux et qu'il consolait délicatement au début de leur nouvelle vie.

Son langage, sa politesse, son maintien, en un mot son allure générale dénotaient promptement une éducation première non commune. Il avait, non seulement pour les Pères, mais encore pour ses condisciples, des prévenances qui ne laissaient aucun doute sur la bonté et la générosité de son cœur.

Recevait-il quelque bonne chose de Flayat, — et le cas n'était pas rare — il était *honoré* que ses condisciples voulussent bien le partager avec lui. « La boîte de bonbons est arrivée dimanche, écrivait-il à sa mère, et je l'ai passée à chacun de mes condisciples ; ils m'ont fait l'honneur d'accepter, ce qui m'a procuré un grand plaisir ! »

Ce sont des riens sans doute, mais de ces riens qui prouvent suffisamment une grande délicatesse de cœur et une sincère charité.

Cette charité et cette délicatesse, il les apporte dans mille détails : « En nous éveillant, écrit-il, nous offrons notre cœur à DIEU, et après nous être habillés avec promptitude, nous faisons notre lit du mieux que nous pouvons. Comme quelques-uns de nos petits frères ne peuvent le faire tout seuls, nous leur offrons nos services et nous tâchons de les contenter autant que nous le pouvons[1]. »

Il est affligé quand l'un ou l'autre de ses condisciples est sujet à quelque épreuve ; il prend part à toutes les peines et il voudrait pouvoir les soulager :

« Nous avons eu assez de malades cette année. DIEU a voulu nous envoyer cette épreuve ; nous ne pouvons que nous conformer à sa sainte volonté. Nous espérons que dans quelques jours nos chers infirmes seront guéris et nous le demandons instamment à Notre-Dame du Sacré-Cœur. Leur maladie sans doute ne nous inspire aucune inquiétude, mais c'est un mois de perdu pour leurs études. Je sais cependant que tous aiment le travail et qu'ils s'efforceront de rattraper, le mieux possible, le temps perdu[2]. »

1. Lettre à sa mère, 3 décembre 1876.
2. A sa mère, 3 décembre 1876.

Une autre fois, dans une circonstance analogue, il écrit :

« Nous sommes en ce moment une cinquantaine d'élèves. Notre vie est agréable, mais en ce moment pas autant que nous le souhaiterions car DIEU nous a envoyé des maladies ; elles sont peu graves, il est vrai, mais elles arrêtent les études de ceux qui en sont atteints : véritable épreuve qui finira bientôt, j'espère, grâce aux prières ferventes que nous adressons au Sacré-Cœur. »

Des séparations venaient parfois attrister nos enfants ; Octave était de ceux dont le cœur en souffrait davantage :

« J'ai été bien attristé ce matin de voir partir de la Petite-Œuvre un de nos compagnons de classe. C'est un Hollandais, excellent condisciple ; mais DIEU, dont nous ne connaissons pas les desseins providentiels, a voulu qu'il aille faire du bien dans son pays. Il est parti ce matin et nous espérons qu'il arrivera sain et sauf, demain soir, en Hollande[1]. »

Quoique beaucoup moins tristes, les adieux étaient encore pénibles quand il ne s'agissait que d'une séparation temporaire :

1. Lettre à sa sœur, 4 février 1876.

« Le Sacré-Cœur a daigné se choisir treize de nos meilleurs condisciples pour les envoyer au noviciat. Ce départ nous a causé et nous cause encore maintenant une profonde tristesse. Les adieux se sont faits à Issoudun ; ils ont été extrêmement touchants. Le bon Père Marie, notre Supérieur, était tellement ému qu'il a pu à peine nous donner sa bénédiction[1]. »

Intelligent, fin, spirituel, Octave saisissait promptement les petits travers, les côtés faibles, les défauts ; il en remarquait vite les manifestations ; mais étouffant sur ses lèvres, par un sentiment de charité, les petites et innocentes réflexions qui se présentaient d'elles-mêmes, il se contentait de sourire de cet air ingénu et tant soit peu malin que ses frères lui connaissaient bien et qu'ils lui pardonnaient volontiers.

Il estimait ses petits frères : « Le collège marche bien, écrivait-il, grâce au zèle des Missionnaires du Sacré-Cœur, mais ce n'est plus la même chose qu'à la Petite-Œuvre, on n'y joue pas si bien, on n'y étudie pas avec autant d'ardeur. »

1. Lettre à sa mère, 2 janvier 1877.

Il aimait à rendre service. Comme il avait une écriture très lisible, proprette, élégante presque, on lui demandait assez souvent de transcrire certains travaux ou documents : ce qu'il faisait toujours avec une grâce parfaite.

Ce n'est point, évidemment, que l'enfant n'ait eu, comme tout autre, des moments difficiles, qu'il ne se soit trouvé des circonstances où il n'était pas bien disposé. Mais on le remarquait rarement et, dans tous les cas, son esprit de foi et sa piété lui faisaient vite reprendre le dessus et chasser ces légers nuages qui venaient troubler, un instant, le ciel d'ordinaire si pur et si calme de son âme.

Si à la Petite-Œuvre le travail était sérieux et soutenu, il ne faudrait pas croire cependant que les enfants n'eussent, en temps opportun, les distractions et les divertissements que réclamaient leur jeune âge et leur exubérante nature. Non seulement ils avaient des récréations et des promenades aussi nombreuses et aussi longues que les élèves de tout collège ou séminaire bien discipliné, mais, en outre, leurs directeurs n'étaient pas avares de ces congés extraordinaires que motivent, soit la visite d'un personnage ou d'un bienfaiteur de marque, soit la fête de quelque professeur ou toute autre circonstance imprévue, soit même — faut-il le dire? — un beau soleil après des journées opiniâtrément maussades.

Octave n'était pas des moins joyeux lorsque le P. Supérieur, saisissant, à dessein, le

ANCIEN COLLÈGE DE CHÉZAL-BENOIT QUI ABRITA LA PETITE-ŒUVRE 2 octobre 1867 — 2 novembre 1880 17 octobre 1890 — 2 octobre 1901.

moment critique où la cloche allait rappeler tout le monde en étude, se présentait au milieu des enfants et, après quelques propos insignifiants ou quelques questions mystérieuses, leur disait le sourire sur les lèvres : « Mes enfants, ce soir, il y aura congé, vous allez vite vous préparer et partir pour la promenade. » Les applaudissements les plus chaleureux prouvaient qu'il avait été compris et la grande forêt en tressaillait d'avance. Bientôt, les bois ouvraient leurs larges avenues ou déroulaient leurs interminables sentiers à la bande enthousiaste des jeunes espiègles. Ce qu'il se faisait alors de courses sous l'ombrage, ce qu'il se disait de paroles intarissables ! Les vieux chênes en gardent encore le souvenir et ils semblent s'ennuyer maintenant, là-bas, dans leur morne et éternel silence !...

Du reste, Octave n'aimait pas les jeux bruyants ; son caractère ne l'y portait pas. Les courses, les barres, la balle n'était guère de son goût. Pendant que ses condisciples s'adonnaient aux distractions bruyantes de leur âge, lui se retirait avec quelques autres de son tempérament pour se livrer à des exercices moins échevelés. La toupie était sa grande ressource et il avait un goût marqué pour ce genre de sport, d'ailleurs peu dangereux et peu compromettant.

La Petite-Œuvre avait alors et a toujours eu de nombreux et fervents amis et, pour voir leurs chers protégés, ces amis ne craignaient pas d'entreprendre quelquefois un long voyage. C'était pour nos enfants un bonheur tout à la fois et une distraction. Souvent aussi les visiteurs venaient de moins loin. Issoudun, avec ses grands pèlerinages, attirait des personnages de toute qualité et de toute situation. Or, il n'était pas rare que ces illustres pèlerins de Notre-Dame voulussent connaître de près les jeunes apostoliques. C'est ainsi que des évêques, des vicaires généraux, des prêtres remarquables, des laïcs même de renom ont visité Chezal-Benoît. Le général Cathelineau ne voulut pas se priver du bonheur de visiter et d'encourager les futurs apôtres ; et le duc de Parme lui-même, se trouvant à Issoudun, se préparait à la même visite quand des circonstances imprévues l'arrêtèrent au dernier moment.[1]

Vous concevez si, à la vue de ces sympathiques visiteurs, nos élèves reléguaient leurs livres au fond de leurs pupitres ! Vite on improvisait une fête dont la simplicité et la spontanéité faisaient tout le charme. C'était à qui sortirait de son répertoire quelque chose d'intéressant ou de délicat. On mettait à con-

1. Il voulut cependant voir nos enfants et obtint qu'on les fît venir à Issoudun.

tribution la bonne volonté d'Octave qui faisait de son mieux pour contenter tout le monde, et cela avec la bonne grâce qui caractérisait en lui chaque service rendu.

Aussi le brave enfant était-il aimé de tous. Personne, du reste, n'était plus à même que le P. Vandel de juger les qualités de ses enfants. Or, lui qui n'aimait pas à exagérer les compliments, mais parlait toujours comme il pensait, ne craignait pas d'écrire à Mme de Brinon : « J'ai vu Octave ce matin, il va très bien. Il a déjà gagné sur sa grande timidité. Sa conduite est bonne, il se plaît à la Petite-Œuvre. *Son caractère doux, simple et serviable le fait aimer de tout le monde.* [1] » C'était dire combien Octave était bon condisciple et combien il était aimé et estimé indistinctement de tous ses frères.

1. 11 Août 1876.

CHAPITRE V

L'ENFANT DE LA PETITE-ŒUVRE

L'amour de la règle. — La journée d'un enfant de la Petite-Œuvre. — L'esprit de foi. — Le travail manuel. — La joie et le bonheur d'Octave. — Brièveté de la journée à Chezal-Benoît. — Consolante multiplication.

TOUTE œuvre a son but. Celui de la Petite-Œuvre est de former des religieux et des missionnaires. On y étudie la vocation des enfants, et on y travaille à développer les vertus qu'ils devront apporter plus tard dans la vie sacerdotale et apostolique.

Octave soumit généreusement son âme à ce travail et sa volonté répondit toujours aux efforts de ses éducateurs et de ses Pères.

Si dans toute maison d'étude la règle est une nécessité, elle l'est plus encore lorsqu'il s'agit de former des religieux.

Qui ne comprend le bienfait de la règle ? Elle ordonne la volonté, et tue les caprices ; elle canalise les énergies, en double ou triple les effets. Les esprits volontaires, indisciplinés, amoureux de leur indépendance, n'arriveront jamais à cette obéissance qui est le grand sacrifice, mais aussi la plus puissante force de la vie religieuse. C'est la pensée dont on cherchait à pénétrer les enfants de la Petite-Œuvre. C'est à la fidélité au règlement de la maison qu'on jugeait des dispositions des élèves pour la vie de communauté, et si, à la longue, on finissait par se persuader que l'un ou l'autre n'arriverait pas à se plier à la discipline, on n'hésitait pas à le rendre à sa famille.

Ici, le règlement n'avait rien d'extraordinaire ; il différait peu de celui qui régit tout petit séminaire. Dès son arrivée à Chezal-Benoît, Octave le faisait connaître à ses parents, non seulement pour satisfaire leur légitime curiosité, mais aussi afin que leur souvenir pût le suivre aux diverses heures de la journée.

« Ce qui m'a empêché de vous écrire plus

tôt, disait-il à sa mère, c'est qu'on ne nous permet de le faire que le dimanche. Voici l'ordre de notre journée : Lever à cinq heures ; prière et courte méditation que nous fait le R. P. Directeur ; puis, jusqu'à six heures et demie, étude.

Après la sainte messe, a lieu le petit déjeuner suivi d'un quart d'heure de récréation. A huit heures, commencent les classes qui durent deux heures consécutives. A dix heures, nous avons un nouveau quart d'heure de récréation. Après le repas et la récréation, nous récitons en commun deux dizaines de chapelet suivies de l'étude des leçons. Un nouveau quart d'heure de récréation et classes jusqu'à quatre heures et demie. A cinq heures et quart, c'est-à-dire après le goûter et la récréation, nous étudions jusqu'au souper, lequel est précédé de la visite au Saint-Sacrement ou du salut. Après le souper, chacun se rend à la place qu'il occupe à l'étude et ceux qui le veulent ont, à ce moment, un cours de langue étrangère. A huit heures et quart, nous faisons la prière et allons nous coucher [1].

Dire d'Octave qu'il aima la règle et qu'il s'y montra toujours fidèle, c'est faire de lui un

1. A sa mère, 11 Oct. 1874.

éloge peu ordinaire. L'Evangile nous dit de Notre-Seigneur *qu'il fit bien tout ce qu'il fit*. Nous en dirons de même, toute proportion gardée, bien entendu, de notre petit aspirant. Rien ne lui paraissait de peu d'importance, et il se faisait autant d'occasions de mérites de sa fidélité scrupuleuse à chaque point du règlement. Chez lui, ce n'était point routine ou entraînement, c'était vertu, désir de contenter sa conscience et de plaire au divin Maître. N'est-ce pas ainsi que les saints se sont ordinairement sanctifiés ? Aussi, Octave était-il un exemple pour tous ses condisciples. Ses notes de discipline, de tenue, de ponctualité aux exercices furent toujours des meilleures. Le silence ne lui coûtait pas, il est vrai, et la dissipation n'était pas dans son tempérament, mais si en cela il avait moins à se vaincre que les natures impétueuses et ardentes, la charité qui dirigeait ses actes ne les rendait pas moins agréables à DIEU.

Cette fidélité au devoir, il la puisait, en effet, dans un grand esprit de foi, dans une forte et profonde piété.

En même temps que la règle, cet esprit de foi

1. *Bene omnia fecit.*

lui faisait généreusement accepter la vie simple et humble des enfants de la Petite-Œuvre. Il ne regrettait pas les délicatesses de la vie familiale, ou du moins s'il les regrettait quelquefois malgré lui, jamais un geste ni un mot ne trahirent son regret.

Le personnel domestique n'était pas nombreux à Chezal-Benoît ; les enfants devaient, par eux-mêmes, pourvoir à bien des petits soins dont les eût dispensés la présence d'un serviteur. Non seulement chaque élève faisait lui-même son lit, mais à chacun aussi était confiée une charge qui les formait à l'esprit d'humilité et de charité. Octave remplit successivement les emplois les plus modestes avec un dévoûment parfait et une bonne humeur inaltérable. Tour à tour lampiste, chargé des balayages, relieur, servant de table, réglementaire, bibliothécaire, il fût toujours heureux d'accepter la fonction qu'on voulut bien lui confier. Deux charges toutefois avaient sa préférence : celle de sacristain et celle de bibliothécaire. La première était réservée aux plus pieux et aux plus soigneux. Inutile de dire combien ils appréciaient la faveur de tenir en ordre et dans une propreté irréprochable les meubles et les linges de la maison de DIEU.

Lorsqu'il fut nommé à cet emploi, l'enfant n'eut rien de plus pressé que d'en avertir sa famille comme d'une grande et heureuse nouvelle.

L'ordre qu'il mettait dans la tenue de *sa* chapelle, il le mettait en tout. Son vestiaire, son pupitre, ses cahiers, tout ce qui lui appartenait ou était laissé à son usage, dénotait un soin scrupuleux. Ses vêtements brillaient de propreté, chose plutôt rare chez des écoliers dont l'insouciance sur ce point n'est que trop proverbiale.

Avec cela, aucune recherche dans sa mise, mais en tout une noble simplicité.

Pénétré, comme il l'était, du véritable esprit de la Petite-Œuvre, Octave devait se trouver heureux à Chezal-Benoît. Ce bonheur, il ne se contente pas de l'éprouver pour lui, il aime à le communiquer à sa famille :

« Je suis très content, écrivait-il, dans cette maison où il n'y a que de bons élèves ». Ceux qui connaissent l'œuvre n'auront pas de peine à comprendre cette expression : *il n'y a que de bons élèves*. Ils savent en effet que ces enfants sont choisis entre mille, et qu'on exige de ceux qui y sont reçus des qualités particulières, tant au point de vue intellectuel qu'au point de vue moral.

« Je ne puis dire, écrivait-il ailleurs, combien je me plais ici. DIEU seul le sait mieux que moi. Je remercie Notre-Dame du Sacré-Cœur et surtout Notre-Seigneur qui ont daigné m'y placer pour être leur serviteur. »

« Il me semble, disait-il encore, que cette année — la première — a passé avec une grande rapidité. Quand je pense à mon arrivée ici, à ma première visite au collège, on dirait que tout cela ne date que de quelques jours. »

Il aime la Petite-Œuvre comme l'enfant aime sa mère, et il voudrait voir se multiplier le nombre de ses condisciples. « Nous sommes toujours le même nombre, mais, pendant ce mois-ci, nous prions saint Joseph de nous envoyer sept autres petits frères. Peut-être fera-t-il la mesure un peu large ; en tout cas, nous en demandons sept [1]. »

Le désir de nos chers enfants allait être exaucé. Cette même année, en effet, les Missionnaires du Sacré-Cœur se décidèrent à fermer le collège qu'ils dirigeaient à Chezal-Benoît, à côté même de la Petite-Œuvre. Cet établissement, fondé dans un splendide monastère de

1. A sa mère, 7 mars 1875.

Bénédictins, avait eu son heure de célébrité, mais la difficulté des communications, la distance de tout centre important, l'isolement et la solitude, éloignaient peu à peu les élèves. En Angleterre, on cherche le calme pour les maisons d'étude ; chez nous, on cherche les commodités, la facilité des relations, peu importe d'ailleurs que ce soit au détriment de la formation intellectuelle et morale de la jeunesse. C'est regrettable, mais c'est un fait. Les élèves du collège furent donc congédiés, et l'établissement fut mis à la disposition des enfants de la Petite-Œuvre, qui purent ainsi croître en nombre, et atteindre bientôt, à la grande joie de tous et en particulier de notre cher Octave, le nombre de cinquante. Dans ce chiffre déjà considérable, l'enfant voyait une promesse d'avenir. De vaillants apôtres sortiraient de cette pépinière choisie, et iraient un jour travailler, avec lui peut-être, à répandre l'Evangile et à faire aimer JÉSUS-CHRIST.

CHAPITRE VI

LE FILS

Amour et souvenir de la famille. — Correspondance affectueuse. — Un petit prédicateur. — Le message des fleurs. — Attachement aux maîtres. — Le Père Marie. — Les larmes de la séparation. — Le P. Vandel. — Un prêtre qui gagne tous les cœurs. — Coup foudroyant. — La tristesse d'Octave.

ON se tromperait si l'on croyait que l'attachement d'Octave à sa chère Petite-Œuvre, avait étouffé et même refroidi dans son cœur les sentiments d'affection qu'il nourrissait pour sa famille. Non, la sainteté n'éteint pas les affections légitimes ; elle les avive, au contraire, en les surnaturalisant. Nous en avons pour preuve, en ce qui concerne notre doux enfant, les lettres si nombreuses, si aimantes, si tendres qu'il adressait aux siens, à son père, à sa mère, à sa sœur aînée en qui il se plaisait à voir, à cause des délicatesses dont elle l'avait toujours entouré, une seconde mère. Il avait un mot pour tous, même pour les serviteurs. Il demandait des nouvelles de chacun en particulier, s'intéressant aux santés, aux travaux, aux événements de la famille. Il en partageait les joies comme il en partageait les épreuves, et celles-ci, hélas ! ne manquaient pas. Octave redoublait ses prières quand redoublaient les souffrances dont l'écho venait jusqu'à lui en résonnant douloureusement dans son cœur. Il encourageait à la patience dans les difficultés et montrait, dans chacune de ses expressions, que, pour être éloigné de corps, il n'en était pas moins, de cœur et d'esprit, uni intimement à tous.

Il tenait aussi aux lettres qui venaient de Flayat ; il les provoquait et, au besoin, se plaignait de leur retard. Lorsqu'aux lettres se joignaient de petits cadeaux, ou quelque envoi d'argent, il remerciait avec effusion.

Dans sa correspondance, rien de guindé ; c'était l'abandon de l'enfant, la naïve tendresse du frère.

Son souvenir le ramenait souvent à la maison paternelle. Quelque temps après son arrivée à Chezal-Benoît, il lui semblait voir sa mère versant des larmes sur l'absent : « Surtout, lui écrivait-il, surtout ne pleurez pas, car nous nous reverrons bientôt. » Bientôt, en effet, ils devaient se revoir au Ciel !...

Un autre jour, il s'adressait à son tout petit frère, Gabriel, le dernier né de la famille et lui disait naïvement : « Mon petit Gabriel, dis bien à maman de ne pas s'ennuyer, je te le demande instamment. »

D'autres fois, il se voyait par l'imagination rentré à Flayat, il regardait son père, il écoutait sa mère ; autour de lui, il contemplait ses frères et ses sœurs, et prenant le rêve pour la réalité, il écrivait : « Oh ! qu'il est doux pour un fils d'entendre parler sa mère, de contempler son père ; quel bonheur pour un frère d'avoir de si bonnes sœurs !... [1] »

En envoyant ses souhaits de bonne année, il disait : « Je n'ai rien à vous donner comme étrennes, mais, ce que j'ai de meilleur, je vous le donne : tout mon amour filial. »

Parfois il arrivait de Flayat des lettres un peu attristées. On trouvait si long le temps de l'absence !... et quoiqu'on fût totalement résigné à la volonté de DIEU et qu'on ne regrettât rien du sacrifice généreusement accompli, la

1. A ses parents, 29 décembre 1876.

nature souffrait cependant et le cœur saignait. Loin de se laisser amollir par ces sentiments si compréhensibles, l'enfant relevait les courages et portait les pensées plus haut. Il faisait entrevoir le jour béni où il aurait l'honneur et le bonheur de monter au saint autel et de célébrer sa première messe. C'est par l'espoir de cette récompense incomparable qu'il calmait les cris du cœur maternel et faisait naître chez les siens une généreuse résignation.

« Oh ! oui, écrivait-il, le jour viendra où je célébrerai ma première messe dans cette petite chapelle de Flayat où j'ai prié si souvent dans mon enfance ! N'est-ce pas, chère maman, que vous serez alors amplement dédommagée de tous les sacrifices que vous avez faits et que vous faites encore pour moi ? »

Il prie souvent pour sa famille : « Parce que je suis si heureux ici, ne pensez pas néanmoins que j'oublie Flayat et ses chers habitants. Chaque matin, au saint Sacrifice de la messe, j'ai un souvenir particulier et une prière spéciale pour vous, chère maman, et pour toute la famille [1]. »

« Je serais tenté, écrivait-il une autre fois

1. A sa mère, 8 mars 1879.

à sa sœur, de croire que l'absence, loin d'affaiblir notre affection naturelle, n'a fait, au contraire, que l'augmenter davantage en l'appuyant sur une base inébranlable : l'amour du

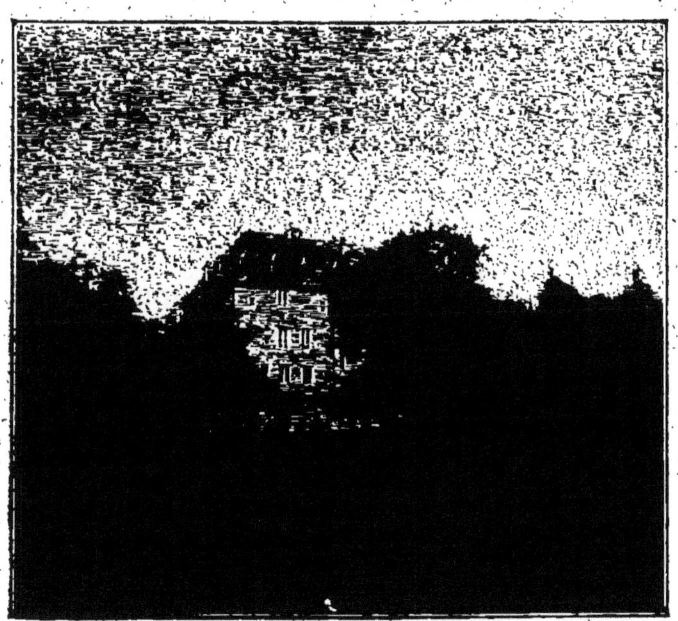

CHATEAU DE FLAYAT RESTAURÉ.

Cœur de JÉSUS. Que je suis heureux, chaque matin, à la sainte Messe, de prier pour toi et pour tous ceux qui me sont chers ! Je le fais toujours, mais avec une bien plus grande efficacité encore, quand je reçois, dans mon pauvre cœur, l'Hôte divin du tabernacle.[1] »

Que pouvait faire de mieux le cher enfant, pour témoigner sa tendresse, que de penser à la famille et de prier pour elle ? Ce devoir lui était doux et d'autant plus doux qu'il n'en avait pas de plus efficace.

Il aimait à accompagner ses lettres de petites fleurs qu'il cultivait lui-même; les siens, pensait-il, y verraient le symbole de sa tendre affection : « J'ai un petit jardin que je cultive avec amour. Ce petit jardin me rappelle celui de Flayat, quoiqu'il ne soit pas grand la moitié comme lui. Au milieu de ce jardin, il y a un petit arbre comme le tilleul que j'avais là-bas. Dès que je pourrai cueillir quelques fleurs, je serai heureux de vous en envoyer[2]. »

Mais, hélas ! les fleurs matérielles sont vite fanées, et c'est pourquoi à celles-là il en joignait d'autres qui ne se flétrissent pas : la prière et le souvenir !

L'affection filiale qu'il témoignait à sa famille, Octave l'étendait à ses Supérieurs. Il ne pouvait penser, sans éprouver un vif

1. 8 février 1880.

2. A sa mère, juillet 1875.

sentiment de reconnaissance, à ce jeune prêtre qui l'avait initié aux études lorsqu'il se trouvait encore à Flayat, M. l'abbé Rougier. Dans toutes ses lettres, il aimait à rappeler son souvenir et à exprimer humblement tout le regret que lui faisait éprouver sa prétendue négligence à tirer profit de ses précieux enseignements : « Je regretterai toujours, écrivait-il, d'avoir si mal profité de ses leçons. »

Avec la délicatesse et le cœur qu'il avait reçus de sa famille, Octave ne pouvait que professer une estime profonde et montrer une affection sans bornes à ceux qui remplaçaient, à Chezal-Benoît, son père et sa mère.

Dans ses lettres, il parlait souvent de ses Supérieurs et toujours dans les meilleurs termes. Jamais, dans sa longue correspondance, nous n'avons rencontré un mot qui, de près ou de loin, eût la moindre apparence de plainte, de murmure, de critique. On sait cependant combien les enfants sont généralement prompts à dévoiler leurs pensées, surtout quand ils écrivent avec l'abandon d'un fils, à un père, à une mère si ardemment affectionnés.

« Je suis toujours très heureux à la Petite-Œuvre, et d'ailleurs comment ne le serais-je pas, entouré comme je le suis de tant de soins de la part de tous mes bons maîtres, et surtout du R. Père Marie, notre Supérieur qui est comme du miel pour les âmes ! Je suis sorti plusieurs fois de sa chambre en versant des larmes qu'il avait fait lui-même couler par ses paroles toutes pleines d'onction. J'espère que le Sacré-Cœur lui donnera, au Ciel, une belle couronne pour tout le bien qu'il nous aura fait[1].

Un jour, la Providence imposa un gros sacrifice à nos chers enfants. Ils furent privés précisément de ce bon Père auquel tous, mais plus particulièrement Octave, s'étaient si profondément attachés. Le Père Marie les avait séduits, non seulement par le charme de cette parole vibrante et sincère qui faisait de lui un orateur de marque, mais surtout par son cœur qui était, plutôt que le cœur d'un père, le cœur de la plus aimante des mères.

Le Père Marie comprenait ses enfants, il les devinait, il lisait dans leur regard et sur leurs traits. L'ombre la plus légère ne passait jamais inaperçue et partout où il entrevoyait une souffrance, il était là, le cœur sur les lèvres, souffrant avec eux, tirant de son affec-

1. A sa mère, 14 mai 1876.

tion sans mesure des accents qui touchaient, remuaient, étaient un baume pour les blessures, une force pour la volonté.

C'est qu'en effet, il avait l'habitude de traiter ces jeunes âmes. Durant plusieurs années, il avait été le Supérieur du Collège voisin de la Petite-Œuvre et il avait appris à connaître, à analyser l'âme des enfants. Ceux qui partaient, une fois leurs études achevées, conservaient, impérissable, le souvenir de ce prêtre élancé, droit, à la démarche noble et presque fière, au regard profond et fascinateur. Ils avaient emporté toute l'admiration que provoquaient en eux la haute intelligence de cet homme de DIEU, sa parole admirable, et son cœur profondément passionné pour JÉSUS-CHRIST et pour les âmes.

« Il nous appartenait tout entier, écrira plus tard un de ses enfants aujourd'hui Missionnaire du Sacré-Cœur ; ses jours et ses nuits, son cœur si tendre et si élevé, sa haute et belle intelligence, son admirable éloquence qui retentit souvent dans les chaires les plus illustres et dont Bruxelles conserve encore, après quinze années, le vivant souvenir. Tout cela, il le consacrait exclusivement à cinquante petits enfants souvent incapables de le comprendre, mais incapables aussi d'échapper à l'ascendant de sa piété et de sa vertu. Non, tant que vivra un seul de ceux qui furent formés à son école, l'empreinte qu'il laissa ne s'effacera pas de son âme, non plus que la filiale affection que tous, sans exception, nous lui avions vouée[1]. »

Octave mit longtemps à se consoler de cette épreuve, et nous aurons bientôt l'occasion de constater la confiance qu'il continua de témoigner à ce bon Père.

L'estime et l'affection que l'enfant avait vouées au P. Marie ne furent surpassées que par celles qu'il témoignait au fondateur de la Petite-Œuvre, au Père Vandel. Qui en serait étonné ? Lisez ce qu'écrivait un ancien élève :

« C'était lui notre père, bien-aimé et notre premier bienfaiteur. C'était un des noms qu'on nous donnait, les enfants de Père Vandel. Vraiment il nous aimait en père, et rien ne saurait reproduire si parfaitement

1. *Annales Belges*, 1889. Le P. Marie mourut en exil en 1883. Après les expulsions de 1880, il avait dû se retirer à Barcelone. Se voyant gravement atteint, il alla demander un asile momentané aux sœurs de la Présentation, à Arenys de Mar. C'est là qu'il rendit son âme à DIEU, et là aussi, que repose son corps.

l'intimité et le bonheur des affections de la famille comme la cordialité, la franchise et la simplicité de ses relations avec nous.

» Quoique résidant habituellement à Issoudun, il ne perdait de vue aucun de ses élèves; il savait le nom de chacun, en connaissait le pays, les parents, souvent la vie, l'état de santé, les dispositions intimes, les aptitudes spéciales: rien ne lui échappait. Il était tout à nous, s'intéressait avec amour au moindre détail, répondait à chaque lettre. Or, nos lettres, c'était parfois une rude besogne, rien que de les lire. Ainsi, au jour de sa fête, une certaine année, chacun voulant lui écrire, il reçut plus de quarante lettres, car notre nombre s'était accrû. On ne l'aimait pas en commun, mais chacun pour soi, et chacun voulait lui donner une expression spéciale de sentiments qu'on croyait trop intimes et trop particuliers pour être partagés et mis en commun.

» Cette influence sanctifiante qu'il exerçait sur les âmes, le P. Vandel la devait surtout à l'irréprochable perfection de sa vie, et à je ne sais quel mélange exquis de qualités natives et de dons surnaturels. On aurait dit que DIEU l'avait mis au principe de notre œuvre pour être le modèle de ses petits missionnaires autant que pour en être l'instituteur. Il avait reçu en partage une âme simple, franche et droite. Sa vertu paisible, douce et discrète, rappelait celle de son aimable compatriote saint François de Sales. Au milieu de nos jours dissipés et mauvais, il a ressuscité par sa piété le type de l'ancienne sainteté chrétienne. C'était, dans notre siècle infidèle, comme une vivante apparition de la foi, de la vieille foi de nos pères, avec sa simplicité, sa candeur, sa naïveté presque enfantine. Il y unissait une maturité profonde, une prudence dans les conseils, une largeur de vues, une modération, une réserve, une retenue dans ses jugements, dans ses appréciations des hommes et des choses, dans toute sa conduite, qui lui donnaient un ascendant irrésistible et lui attiraient une confiance sans limite. Une des grandes résolutions prises dans la retraite préparatoire à sa première Messe, avait été de remplacer peu à peu, dans toute sa vie, le naturel par le surnaturel. Jusqu'à quel point il y réussit avec l'aide de DIEU, nous en fûmes les témoins. Tel que nous l'avons connu la victoire était complète. Cette bonne nature avait été envahie complètement et occupée définitivement par la grâce, l'intelligence prise par la foi, le cœur presque obsédé par l'amour de DIEU et des âmes.

» Il eut à un haut degré le secret d'unir la vie intérieure la plus intense au service des âmes le plus libre et le plus dévoué, ce qui est le secret des saints. Aussi quelle pleine et imperturbable possession de lui-même dans la paix et le recueillement, et en même temps quelle susceptibilité d'émotion et d'enthousiasme qu'ébranlait le moindre événement intéressant la gloire de DIEU ! Les persécutions de la sainte Eglise, les blasphèmes publics, les sacrilèges démonstrations si fréquentes en nos

LE R. P. VANDEL.

temps malheureux, avaient dans son cœur un cruel retentissement. Il ne s'y fit jamais ; il en conservait de profondes tristesses, il en parlait avec une horreur communicative. Si quelque épreuve menacait sa chère Petite-Œuvre, si la maladie affligeait les santés, si une vocation se montrait chancelante ou infidèle, on le voyait éploré, sollicitant des prières, s'ingéniant à remédier au mal. C'est ainsi que, vivement inquiété par une épidémie qui sévissait au milieu de ses enfants, il s'offrit en victime ; et DIEU acceptant son sacrifice, il mourut vraiment comme le bon Pasteur donnant sa vie pour ses brebis.

» En revanche, quelle consolation intime, lorsqu'au milieu des nuages, brillait au ciel noir quelque rayon d'espérance! Le moindre encouragement du Souverain Pontife et de NN. SS. les Evêques, une faveur inattendue, une heureuse nouvelle, le développement de la foi ou l'honneur de l'Eglise, ouvraient au fond de son cœur des sources de joie ravie qu'il répandait suavement autour de lui.

» En même temps qu'il semblait se prodiguer à l'extérieur pour le soin de ses œuvres et pour le salut des âmes, qu'il se montrait accessible à toutes les impressions que la vive délicatesse de son âme et son intérêt passionné pour la cause de DIEU sur la terre, lui faisaient ressortir profondément, il vivait cependant tout en lui, plongé dans un recueillement que rien ne troublait, comme s'il eût été complètement étranger au monde. Dans la sereine gaîté de son visage, dans la douceur de sa conversation, dans la composition modeste et parfaite de ses manières, de ses mouvements, de toute sa tenue, il y avait une expression et comme un rejaillissement de l'inaltérable paix de son cœur, abandonné entre les mains divines. Son union à DIEU était continue ; elle transpirait à travers ses traits, s'exhalait de toute sa personne comme la bonne odeur de JÉSUS-CHRIST. Sa seule présence était d'une puissante édification. Il est inoubliable, en particulier, l'effet produit par son maintien devant le Très Saint Sacrement. Une fois qu'il était agenouillé, son grand signe de croix fait, les mains croisées sur le banc, le corps droit, les yeux fermés, c'était fini, et souvent pour de longues heures. Plus un mouvement, plus un indice de vie, plus un regard ne trahissait la fragilité humaine. Les statues de la chapelle n'avaient pas plus de fixité et d'immobilité. Il était comme l'adoration personnifiée, et de le voir devant nous, enfants, dans une telle attitude, cela nous recueillait et nous faisait prier.

» Il était d'une condescendance infinie pour recevoir les épanchements, les ouvertures, les confidences des âmes, les plaintes même. Non seulement il partageait, mais il s'identifiait en quelque sorte les intérêts, les douleurs, les espérances et les craintes d'autrui. Il était si encourageant, si bon ; il témoignait tant de sollicitude sur les progrès spirituels, la santé, sur les petits soucis, les petits chagrins, les petits bonheurs, les petits projets et autres riens de ses enfants, il y mettait tant de sincérité que vraiment on ne pouvait se faire davantage enfant avec les enfants, ni mieux réaliser la parole de saint Paul : *Je me suis fait tout à tous pour les gagner tous à Jésus-Christ.*

C'était en effet le grand art du P. Vandel de savoir se proportionner aux intelligences les plus ouvertes et les plus humbles. Il avait le don d'enseigner familièrement l'horreur de la faute, la crainte de DIEU, les enseignements les plus relevés et l'amour de la vie parfaite. Qui plus que lui fut l'apôtre des petites vertus et sut inspirer le goût d'une vie pieuse, remplie par les devoirs journaliers, soutenue et consolée par les pratiques de dévotion, sanctifiée par les actes de résignation, de charité, d'obéissance dont l'occasion se présentait à chaque instant? C'est ainsi qu'il mettait la sainteté la plus sublime à la portée des situations les plus humbles, des emplois les plus vulgaires, et DIEU seul connaît tous les fruits que sa grâce a su retirer de ce modeste apostolat.

» L'annonce de sa visite à Chezal-Benoît était saluée par une explosion de joie. Il ne laissait pas quelquefois de nous surprendre agréablement par une arrivée imprévue. Nous étions en étude travaillant comme on travaille toujours à la Petite-Œuvre. La salle se trouvait au rez-de-chaussée, et à l'extrémité opposée de la cour s'ouvrait la porte qui donnait accès sur la voie publique. Il y avait bien des persiennes qui essayaient de faire obstacle à la curiosité, mais quelques fentes secrètes livraient un passage clandestin aux œillades furtives, et l'on pouvait se faire une idée confuse de l'étranger qui arrivait. Car c'était tout un événement que la présence d'un visiteur au milieu de nos bois rustiques. Mais quand une soutane de grande stature se dessinait au travers des platanes, le cœur battait. Un instant encore et le doute s'évanouissait : C'est lui, c'est le Père Vandel.

Jamais branle-bas ne produisit une telle soudaineté de mouvements. En un clin d'œil, surveillant en tête, on évacuait le local, et lui, le grand vieillard, calme et bon, voyait en souriant accourir sa famille. Il serrait chacun dans ses bras, avait une bonne parole pour tous, s'informait tout au long de la santé des infirmes. Cependant on voyait les croisées s'ouvrir précipitamment, et professeurs et directeur, étonnés de cette rumeur inopinée, lancer des regards sévères et scrutateurs. Ah ! le mal les prenait à leur tour, et c'était fête dans toute la maison, depuis le haut jusqu'en bas, et il n'y avait pas jusqu'à la cuisinière et au jardinier dont les visages ne fussent rayonnants, tellement cet homme, bon et simple, avait gagné tous les cœurs. Au reste, on savait qu'il apportait toujours d'intéressantes nouvelles, de pieuses histoires, de saints encouragements, et souvent encore.... le dirons-nous ?... de bonnes choses ! Car il nous aimait de toute façon, saintement et matériellement, sachant bien que l'un n'exclut pas l'autre. Lequel d'entre nous, anciens élèves de la Petite-Œuvre, n'a gardé le souvenir de ces journées heureuses et n'aime à y revenir par la pensée, afin de renouveler en lui les salutaires impressions qu'excitaient toujours la présence et la parole de notre bien-aimé Père ?...[1] »

Aussi, quelle consternation lorsqu'à la fin d'avril 1877, on apprit, à Chezal-Benoît, la nouvelle de sa mort subite !... Ce fut chez tous, mais surtout chez nos enfants, une explosion unanime de regrets, de pleurs, de prières, et — nous ne pouvons le cacher — de pieuse conviction sur la gloire dont DIEU venait de couronner son fidèle serviteur.

Octave se hâta de faire connaître la nouvelle à Flayat, en réclamant des prières, et on sent que son cœur ne trouve pas d'expressions pour traduire les sentiments de son âme.

« Chezal-Benoît, 27 avril 1877. — Bien chers parents. — Un grand malheur vient de fondre sur nous. Ce matin, le P. Marie nous a annoncé, à la chapelle, la triste et pénible nouvelle de la mort du R. Père Vandel ! On l'a trouvé étendu sur le parquet de sa chambre, la tête baignant dans son sang ! Oh ! mon DIEU, quelle épreuve !... Quelle perte immense vient de subir la Petite-Œuvre en perdant son plus grand bienfaiteur, son principal soutien !... Le bon DIEU l'a voulu ainsi, il faut bien se résigner, mais quel coup ! Espérons du moins

1. *Annales belges*, 1889.

qu'au Ciel il continuera de nous protéger et de prier pour nous... De grâce, priez et faites prier beaucoup pour notre bien-aimé défunt.... »

En réalité, la mort n'avait fait que clore la carrière de ses fatigues et de ses souffrances. Loin de l'arracher à ses œuvres, elle avait rendu ses sollicitudes et sa reconnaissance pour les bienfaiteurs de l'œuvre de son cœur, plus vives encore et plus efficaces. Sa protection s'exerce d'ailleurs sensiblement sur la Petite-Œuvre qui n'a fait que s'étendre et prospérer. Discrètement, nous dirons qu'il *y* a là plus qu'une présomption de notre part. Si, au lendemain des expulsions de France, malgré le dénûment de toutes choses, les Missionnaires du Sacré-Cœur ont audacieusement établi la Petite-Œuvre à Tilbourg et à Anvers, on veut que nous l'assurions, le P. Vandel n'a pas été étranger, du haut du Ciel, à cette résolution [1].

Malgré cela, il fut abondamment pleuré et ceux qui vivent encore le pleureront toujours.

1. *Annales belges*, 1889.

CHAPITRE VII.

L'ASPIRANT MISSIONNAIRE.

Le désir de l'apostolat. — Sérieuse préparation. — Piété expansive. — Les fêtes de la Petite-Œuvre. — Déception et dédommagement. — Procession au flambeau. — Echo des persécutions. — Un horrible blasphème. — Projets de voyage en Chine. — Une nouvelle hasardée — Mgr Henri Verjus. — Epreuve et tentation. — Une lettre réconfortante. — Douces gronderies. — Le calme revient.

ÊME avant sa première Communion, Octave avait pensé aux missions, et c'était dans le but de s'y préparer qu'il avait demandé son entrée à la Petite-Œuvre.

A peine arrivé il s'était mis à cultiver l'inclination que la grâce avait mise au fond de son cœur, et il avait travaillé à former en lui cette piété forte qui est nécessaire à quiconque aspire à la vie sacerdotale, religieuse et apostolique. Il comprenait que tout son avenir dépendrait de cette formation première, et que ses efforts seraient vains s'il ne mettait DIEU et Notre-Seigneur JÉSUS-CHRIST à la base de tout. *Nisi dominus ædificaverit domum in vanum laboraverunt qui ædificant eam*... et quel plus grandiose édifice que celui d'une vocation d'apôtre !...

A la Petite-Œuvre tout contribuait au développement de la vie spirituelle : Exercices religieux, instructions, direction personnelle, tout était de nature à la favoriser et à la rendre forte. Octave ne négligeait aucun de ces moyens et il remerciait DIEU de les lui avoir fournis.

De là cette candeur qu'il garda jusqu'au dernier jour et qui le place au rang des plus fidèles imitateurs des angéliques patrons de la jeunesse. De là, ces visites au S. Sacrement, ces prières si recueillies, cet amour des choses saintes et des cérémonies liturgiques qu'on remarquait en lui. Sa tenue durant ses prières était irréprochable. Dans les temps libres, aux jours de fête et durant les vacances surtout, il était un des plus assidus à aller passer quelques minutes devant Notre-Seigneur et la Sainte Vierge, suivant en cela et fortifiant même la tradition laissée par ses frères aînés.

« Je mène toujours mon petit train de vie, écrit-il. De temps en temps il survient sans doute quelque épreuve, car la vie en est pleine, mais, malgré tout, je suis heureux et content. Je me confesse tous les huit jours, et deux fois la semaine, je fais la Sainte Communion. Tu comprends aisément qu'avec un tel régime, on puisse avoir le cœur joyeux : Bienheureux ceux qui craignent le Seigneur et qui marchent dans ses voies [1]. »

Il aime à se rappeler le jour de sa première Communion, et ce souvenir redouble sa ferveur. Dans ses lettres il y revient souvent avec émotion. « Le temps fuit irréparable, dit Virgile, et c'est vrai. Mais il y a des époques dans la vie dont le temps ne peut effacer le souvenir. Ce sont entre autres les jours de baptême, de première Communion, de Confirmation. Voilà des dates, certes, dont on ne saurait perdre la mémoire ! »

A l'occasion de la première Communion de sa plus jeune sœur, qu'on lui annonçait pour une date prochaine, il disait : « C'est avec joie que je vois approcher le 8 mars. Ce jour me ramènera le souvenir ineffaçable de ma pre-

1. A sa sœur, 24 octobre 1874.

mière Communion. Ce me serait un vrai bonheur si vous vouliez, en ce doux anniversaire, vous unir à moi dans une même communion[1].

Un peu plus tard, répondant toujours à sa mère qui lui racontait la solennité de la première Communion de sa petite Sœur : « Je remercie Marie des détails qu'elle me donne. Ils m'ont tant intéressé et ému ! Aujourd'hui, Dimanche du bon Pasteur, j'ai reçu Notre-Seigneur en union avec Marguerite ; j'ose croire aussi que j'aurai eu ma bonne part dans ses prières. Ainsi maintenant, chère maman, tous vos enfants, à l'exception d'un seul, se sont approchés du banquet eucharistique. Il ne reste plus que Gabriel, le Benjamin de la famille ; et de même qu'il est dit dans l'Ecriture Sainte : « Une double part fut donnée à Benjamin », de même aussi le Sacré-Cœur considérera mon petit frère comme son privilégié et lui donnera une part plus large à ses bénédictions quand il s'approchera de la Table sainte[2]. »

Cette piété d'Octave, si spontanée et si franche, lui faisait trouver un charme délicieux dans les fêtes qu'on célébrait à la Petite-Œuvre.

1. A sa mère, 27 février 1877.
2. A sa mère, 27 avril 1877.

Généralement du reste, il en était et il en est encore de même chez tous nos enfants. Leur vie silencieuse, recueillie, nécessairement un peu monotone, leur faisait désirer et goûter ces solennités qui, tout en rompant le cours de la vie ordinaire, reposent l'âme, réveillent la ferveur et retrempent dans la piété.

Ces fêtes étaient le sujet le plus fréquent des lettres que l'enfant adressait à sa famille. Il prenait plaisir à les raconter, à en expliquer le sens, à en décrire la pompe : ce qu'il faisait parfois d'une façon tout à la fois naïve et charmante. Contentons-nous de citer une de ces descriptions. Il s'agit de la fête de Notre-Dame du Sacré-Cœur en 1879.

« *Vos fêtes sont pieuses et agréables, elles font du bien au cœur*, nous disait le vénéré et regretté P. Vandel en parlant des fêtes de la Petite Œuvre. Le 10 juin, nous avons éprouvé plus que jamais la vérité de cette parole. Ce jour là avait été désigné pour la fête de Notre-Dame du Sacré-Cœur, renvoyée du 31 mai à cause de la Vigile de Pentecôte. A cette occasion, devait avoir lieu, à Issoudun, l'inauguration solennelle du grand orgue de la Basilique. Nous songions d'avance au bonheur que nous éprouverions, selon toute apparence, d'y assister tous ensemble, quand, la veille, le Père Supérieur nous annonça que, seuls, quelques-uns de nos chantres iraient à cette cérémonie. Il fallut nous résigner. Mais après le départ des heureux condisciples,nous nous mîmes à faire les préparatifs de notre fête. Chacun avait son occupation : qui ornait la chapelle, qui confectionnait des guirlandes de feuillage, qui nettoyait les candélabres, tandis que d'autres étaient employés à approprier la maison. A 6 h. 1/2, tous les travaux cessèrent, et les premières Vêpres que nous allâmes chanter ne furent qu'un avant-goût de la solennité du lendemain.

» Le mardi donc, à notre réveil, le souvenir de notre bonne Mère vint embaumer notre cœur d'un céleste parfum. Toute la matinée se passa dans un doux recueillement et dans une joie toute pure, qu'on ne peut définir quand on ne l'a point goûtée soi-même. La grand'messe fut ravissante, tant par la beauté des chants que par la régularité des cérémonies. La fête se continua ainsi jusqu'aux Vêpres, qui ne le cédèrent en rien à la messe. Les magnifiques décorations de la chapelle ajoutaient encore de l'éclat à la pompe des cérémonies. De nombreuses bannières au chiffre de Notre-Dame du Sacré-Cœur tapissaient les murs et le fond du sanctuaire, leur donnant un joyeux aspect, un cachet spécial qui réjouissait tous les cœurs.

» Après une promenade de quelques heures, nous nous réunîmes de nouveau pour la bénédiction du T. S. Sacrement. L'un de nos Pères nous adressa une allocution ; sa parole simple et persuasive, qui fut écoutée avec une religieuse attention, nous toucha profondément. De nombreuses lumières enveloppaient l'ostensoir et réjouissaient notre regard, en nous offrant en même temps comme un symbole des flammes ardentes qui consument le Cœur de notre divin Maître.

» Une dernière surprise nous était réservée. Nous commencions la prière du soir, lorsque le P. M... vint nous annoncer, à notre grande joie, que nous allions faire une procession aux flambeaux dans le grand jardin du collège. Quelle touchante manifestation de piété ! Chacun de nous portait un cierge à la main, et les bannières, parmi lesquelles celle de la Petite-Œuvre, flottaient au vent, produisant au milieu des cierges éclairant la nuit l'effet le plus magique. En entrant dans le jardin, nous aperçûmes au fond d'une grande allée un autel, dont les gradins étaient couverts de lumières en forme de couronnes et dominés par la statue de Notre-

Dame. Le trajet fut parcouru lentement au chant des litanies de la Sainte Vierge Après une chaleureuse allocution d'un Père, nous retournâmes dans le même ordre en faisant résonner les versets du *Magnificat*, auquel vint s'ajouter comme majestueux accompagnement le grondement lointain du tonnerre. Tout cela excita vraiment notre enthousiasme et nous comprîmes mieux que jamais la parole du P. Vandel : *Vos fêtes sont pieuses et agréables, elles font du bien au cœur*[1]. »

Octave aimait la Sainte Vierge d'un amour tendre et filial ; aussi était-il au comble du bonheur lorsqu'avec ses condisciples il lui était donné de se rendre en pèlerinage à Issoudun. Cette faveur leur était souvent accordée et cependant ils *y* trouvaient chaque fois un charme nouveau. Là, aux pieds de la divine Mère, les uns et les autres priaient de plein cœur. Ecoutez comment l'un d'entre eux racontera plus tard ses impressions :

« J'étais encore petit enfant quand la Vierge m'apparut pour la première fois radieuse et éblouissante dans sa blancheur immaculée... Je venais de quitter, non sans larmes, le doux

1. A sa mère, juin 1879.

nid où j'étais néet où j'avais grandi sous le regard vigilant d'une tendre mère et au milieu de frères qui m'aimaient. J'étais heureux pourtant : car on m'avait dit que je serais plus près du temple béni où est honoré ma douce Mère du Ciel, et que je retrouverais d'autres frères plus nombreux et non moins affectionnés auprès des enfants de la *Petite-Œuvre* qui alors abritait son berceau au milieu des superbes et sombres forêts de Chezal-Benoît, à quelques kilomètres à peine du vénéré sanctuaire de Notre-Dame du Sacré-Cœur d'Issoudun.

» Mon espoir ne fut point déçu : mes nouveaux frères eurent bien vite séché mes larmes ; au bout de quelques jours j'avais déjà pu constater comment l'on sait aimer à la Petite-Œuvre ; et je sentis revivre pour moi tous les charmes de la vie de famille. Je retrouvai aussi Marie : tous ensemble aux jours des grandes fêtes et des pèlerinages, — et ces jours d'allégresse étaient nombreux alors ! — nous allions avec cette joyeuse expansion qui est le propre de la jeunesse, rendre visite à Notre-Dame du Sacré-Cœur, prendre part aux ravissantes solennités qui attiraient tant de fidèles dans sa basilique, et nous consacrer à Elle, aux pieds de sa statue miraculeuse. Pendant quelques mois il me fut même donné de vivre tout près de son autel, de n'avoir d'autre chapelle que la sienne, de ne posséder d'autre abri que celui qui s'élevait à côté de son temple, de ne goûter d'autres plaisirs que ceux que nous procurait sa présence, de n'assister à d'autres fêtes qu'à celles qui se célébraient en son honneur.

» Quand je reporte ma pensée vers cette période de ma vie pleine pourtant de charmes et de bonheur, je vois tous mes souvenirs s'effacer peu à peu et disparaître : ils perdent leurs formes et leurs contours, et ne gardent plus que cette expression vague et indéfinie que nous éprouvons tous en pensant aux années déjà lointaines de notre enfance. Mais sur ce fond vague de mes souvenirs, se détache, toute baignée d'une radieuse lumière, la belle basilique de Marie. D'elle je n'ai pas oublié un détail, car, toute entière et d'une manière ineffaçable, elle s'est gravée dans ma mémoire. C'est qu'alors en elle se concentraient pour nous toutes les splendeurs de l'art et toutes les divines beautés de la foi ; elle nous apparaissait comme l'expression la plus parfaite et le résumé le plus complet de tout ce que nous pouvions désirer. Les voûtes gracieuses et élancées dominaient notre imagination et la faisait rêver à l'infini ; ses peintures idéales et pures nous retraçaient en traits vivants les charmantes scènes bibliques que nous avions apprises dans notre enfance ; ses verrières aux brillantes couleurs inondaient notre âme des joies du paradis, ses blanches murailles, qui redisaient en lettres d'or les chants d'actions de grâces, donnaient des ailes à notre prière et la portaient plus facilement vers le Ciel.

» Nous l'avons vue dans ses jours de splendeurs : jours inoubliables où, subjugués par le charme du nom de Notre-Dame du Sacré-Cœur, des milliers de pèlerins accouraient de tous les points de l'Europe pour voir de leurs yeux le triomphe de Marie, rehausser par leur présence son cortège de gloire et baiser dans une sainte ardeur le pavé de sa basilique. Oh ! alors qu'elle était belle !... Elle semblait avoir emprunté la blanche parure que revêt la jeune fiancée au jour de ses noces, et elle en avait toutes les grâces. Nous voyons encore ces richesses incomparables : cette éblouissante couronne de lumières qui rayonnait autour de son image et ces ravissantes bannières, touchant témoignage de l'amour et de la reconnaissance de villes, de provinces, de nations

BASILIQUE DU SACRÉ-CŒUR D'ISSOUDUN.
Chapelle de Notre-Dame du Sacré-Cœur.

BASILIQUE DU SACRÉ-CŒUR D'ISSOUDUN.
Vue de la grande nef.

entières, et au milieu du sanctuaire ce charmant berceau de Nazareth, sculpté en bois de cèdre, dans lequel est étendu un lis d'argent, symbole de la Vierge immaculée. Nous voyons surtout ce flot sans cesse grossissant de peuple qui se répand dans le temple, vingt fois trop étroit pour le contenir. Nous lisions sur les visages les émotions qui ne pouvaient être refoulées ; elles éclataient et se traduisaient à haute voix par des prières embrasées, des cantiques frémissants d'enthousiasme, et tout cela confondu formait la plus sublime harmonie que la terre puisse entendre. O vision du Paradis, trop tôt disparue !...

» Nous l'avons vue aussi solitaire et silencieuse, dans sa noble simplicité de tous les jours. Dépouillée des somptueux ornements de fête, elle était belle encore et nous aimions toujours la visiter. Les rayons du soleil pénétrant par les grandes verrières formaient sur les somptueuses murailles de fantastiques reflets. C'était le moment propice pour l'admirer dans ses détails. Nous aimions à voir scintiller les diamants qui ornaient le diadème de la Vierge ; nous découvrions mille pieuses merveilles dans les sculptures de son autel et les ornements de son trône : nous ne pouvions arracher nos regards des saints et des saintes, aux figures idéales, aux riches et splendides draperies qui, tout autour de la nef, dans les fresques comme dans les vitraux, font cortège à Notre-Dame. Aussi haut que nos yeux pouvaient atteindre nous lisions sur les murailles les touchantes manifestations de la supplication, de la reconnaissance et de l'amour, gravés sur le marbre depuis le pavé jusqu'à la voûte : ravissant poème écrit par des milliers de cœurs ! concert plein d'harmonie chanté par des milliers de voix !...

» Mais nous l'avons vue surtout le soir, quand le soleil avait disparu derrière l'horizon et que les premières ombres de la nuit se répandaient sur la terre. Les ténèbres envahissaient par degrés le temple saint. Plus de cent lampes, perpétuellement ardentes et suppliantes, veillaient autour de Notre-Dame et leur lumière vacillante et mystérieuse invitait doucement à la prière. Alors elle était encore plus recueillie et plus mystérieuse, la demeure de Marie ! Dans cette demi-clarté, sa statue apparaissait plus blanche que l'albâtre ; elle semblait s'incliner pour mieux entendre le murmure des lèvres qui répétaient la prière du cœur e répondre plus distinctement à leurs ardentes supplications. Qui redira jamais les enivrantes délices de ces heures toujours trop courtes ! Nous étions jeunes alors et volages, nous aimions à courir à travers les forêts et les prairies, folâtrant sur le gazon vert, cueillant les fleurs sauvages et nous enivrant de leur âcre parfum. Mais à ces moments où nous allions visiter notre Mère, nous trouvions à son autel des parfums plus délicieux encore que les senteurs des fleurs ! C'était le parfum de la Vierge immaculée, le parfum embaumé du Ciel !...[1] »

Comme il est facile de le comprendre, nos enfants étaient peu au courant des événements du dehors. La politique n'était pas leur affaire, et les journaux n'avaient point accès auprès d'eux. Cependant, pour redoubler leur ferveur, et les intéresser aux souffrances comme aux triomphes de l'Église qu'on leur apprenait à aimer comme une mère, le Père Supérieur leur faisait connaître les événements religieux principaux. Octave écoutait tout cela avec un intérêt profond, se réjouissant quand l'événement était heureux, s'attristant lorsqu'il marquait un triomphe des ennemis de DIEU.

« Nous entendons dire que la persécution va toujours croissant et s'étend dans tous les pays.

1. *Annales belges*, 1889.

Nous avons lu hier au réfectoire la délivrance et la sortie de prison d'un évêque allemand[1], mais cette persécution, finalement, n'est pas un mal ; elle raffermit la foi des catholiques et prépare aux persécutés une couronne plus belle pour le Ciel.[2] »

Et ailleurs : « Hélas, il paraît que la persécution redouble partout ! Actuellement, en Suisse, on profane les églises, on pille, on détruit tout ce qui tombe sous la main. En Allemagne, on chasse les évêques et on emprisonne les prêtres. Quand donc le Sacré-Cœur aura-t-il pitié de nous ?...[3] »

Une autre fois, il s'indigne contre une parole blasphématoire, prononcée par un député à l'occasion d'un grand pèlerinage à Montmartre : « Pendant un pèlerinage à Montmartre, s'était écrié le sectaire, on a chanté, bannières au vent :

DIEU de clémence,
O DIEU vainqueur,
Sauvez Rome et la France
Par votre Sacré-Cœur....

1. Allusion à Mgr Ledokowski, Archevêque de Posen, mort récemment à Rome, Cardinal de la Sainte Eglise. Il avait été emprisonné à l'époque du Kulturkampf pour sa résistance aux lois sectaires.

2. A sa sœur, 17 février 1876.

3. A sa mère, 7 mars 1875.

» Eh bien! nous,libres-penseurs,nous renversons la phrase et nous crions : Sauvez, sauvez la France du Sacré-Cœur et de Rome!... Quel monstre sorti de l'enfer aurait pu en dire davantage? Quand le Père nous a raconté cet horrible blasphème, j'étais tellement ému que, dans ma poitrine, mon cœur battait à se rompre. C'est bien la lutte entre l'amour de DIEU et l'ingratitude des hommes. L'amour de DIEU est infini, l'ingratitude de l'homme est raffinée en cruauté. Efforçons-nous de réparer cet outrage. [1] »

Tout cela enflammait encore dans notre jeune Octave le désir de l'apostolat. Voyant DIEU méconnu et outragé de toutes manières, il aspirait plus ardemment à porter au loin, plus tard, la bonne nouvelle, afin que si, dans nos pays civilisés, on oubliait son baptême et sa foi,Notre-Seigneur trouvât chez les infidèles des adorateurs en esprit et en vérité.

Nous avons dit que, déjà tout enfant,Octave rêvait les missions. A cette époque-là, l'évangélisation de la Nouvelle-Guinée n'avait pas encore était confiée par le Saint-Siège à la Congrégation naissante des Missionnaires du

1. A sa mère, 2 juillet 1876.

Sacré-Cœur. Et Octave, cultivant le premier idéal de son enfance, pensait toujours à la Chine.

« Je ne sais si tu penses encore à ton voyage en Chine avec moi, écrivait-il à sa sœur, mais je t'assure que pour moi j'y songe comme auparavant, et je n'attends que la réalisation de ce cher projet. Je suis sûr que tu ne l'oublies pas tout à fait et que tu voudrais bien être martyrisée pour la foi. Je ne souhaite rien plus fortement que ce bonheur de souffrir quelque chose pour Notre-Seigneur JÉSUS-CHRIST, en retour de ce que lui même a souffert pour nous sur l'arbre de la croix. [1] »

Ailleurs, il signe une lettre : « Ton frère tout dévoué pour aller en Chine. [2] » Cette idée le hantait.

Un jour, le bruit se répandit, on ne sait comment — peut-être même ce bruit reposait-il alors sur quelque fondement — que le Saint-Siège avait l'intention de confier aux Missionnaires du Sacré-Cœur une mission dans les îles Auckland. Devançant les événements et prenant pour chose déjà faite ce qui n'était,

1. A sa sœur, 24 octobre 1875.
2. 21 avril 1876.

tout au plus, qu'un vague et lointain projet, Octave l'écrivait à sa sœur : « Te souvient-il, ma chère sœur, des projets si séduisants que nous formions ensemble à Flayat au sujet des petits Chinois ? Ce désir ne devait pas être exaucé, mais si ce que l'on raconte parmi mes condisciples est vrai, nous aurions une mission dans les îles Auckland, et le Père Chevalier aurait promis d'y envoyer tous ceux qui le désireraient. Tu sais si je l'ai, ce désir !... Pour cela, il faut savoir l'anglais et c'est pourquoi je vais me mettre de suite à l'étude de cette langue.[1] »

Dans ces années-là, Octave avait pour condisciple à Chezal-Benoît un enfant d'élite, Henri Verjus, dont le nom sera désormais inséparable de celui de la Nouvelle-Guinée. C'est lui, en effet, qui pénétrera le premier et fera germer la première chrétienté sur cette terre jusque-là inhospitalière et rebelle à la foi. Il lui donnera ses travaux, ses forces, son cœur, et il mourra, à trente-deux ans, offrant sa vie pour la conversion et la persévérance de ceux qu'il appelait *ses pauvres enfants sauvages.* Henri Verjus

1. 23 juillet 1878.

avait à peine quelques années de plus qu'Octave, mais tous ceux qui l'ont connu savent de quelles ardeurs brûlaient déjà son cœur et son langage quand il s'entretenait de ses chères missions [1]. Qui sait combien de fois Henri et Octave auront confondu leurs aspirations, et,

S. G. MGR VERJUS.

ensemble, appelé le jour béni qui les réunirait dans le même champ d'apostolat!...

Ce désir des missions était chez Octave un signe de vocation à la vie apostolique, et peu

1. Voir : *Mgr Henri Verjus, Miss. du S.-C.*, par le P. Jean Vaudon, Paris, Retaux.

s'en fallut cependant que cette vocation ne sombrât sous les ruses du démon.

L'enfant était timide, très timide, nous l'avons dit. Non seulement son extrême politesse et la réserve de ses manières tenaient à distance les confidences aussi bien que les familiarités avec ses condisciples, mais aussi les confidences avec ses supérieurs. Ceux qui ne le connaissaient pas auraient pu croire à de l'indifférence ; en réalité, ce n'était qu'une réserve un peu outrée. Le fait est que, dans les récréations, tandis que ses camarades accouraient quelquefois pour se grouper autour de leur supérieur ou de leurs maîtres, lui, par un sentiment de délicatesse exagérée, se tenait facilement à l'écart.

Un jour, l'idée lui vint que son professeur lui préférait ses condisciples. A cet âge, l'imagination est ardente, et de quelques apparences insignifiantes, elle tire trop souvent de sinistres conclusions.

Octave se crut donc moins aimé, mis à l'écart, devenu comme gênant, et son cœur en fut blessé. La tristesse arriva, l'enveloppant peu à peu, et le pauvre enfant, toujours par timidité, n'osa pas s'en ouvrir au Supérieur qui l'eût vite rassuré. Son professeur ne fut pas sans s'en apercevoir, mais soit discrétion, soit inexpérience, — il était encore tout jeune et débutant — il n'osa pas chercher les raisons de cet éloignement incompréhensible.

C'est alors que germèrent les pensées contre la vocation et que l'enfant prit même la résolution de quitter Chezal-Benoît pour rentrer dans sa famille.

Heureusement l'idée lui vint, grâce à l'inspiration du Ciel, d'écrire à son ancien directeur, le P. Marie, pour qui sa confiance était restée entière. Il lui ouvrit son âme, lui dit sa détermination, ajoutant qu'il recevrait avec reconnaissance les conseils qu'en pareille occurrence son expérience et sa bonté croiraient bon de lui suggérer.

La réponse ne se fit pas attendre ; elle fut pleine de franchise et dictée par le cœur : « Issoudun, le 24 janvier 1879. — Mon bien cher Octave. C'est votre P. Marie qui vous écrit. Vous devinez sans peine ce qu'il vient vous dire, ou plutôt vous redire, et je ne puis que vous répéter, mon bien bon ami, ce que je vous disais l'an passé pour une tentation semblable. Non, cher et bien cher enfant, non, vous ne devez pas penser à quitter la Petite-Œuvre. Tout porte à croire que vous avez la vocation de Missionnaire du Sacré-Cœur, rien ne fait craindre le contraire. Il ne faut donc pas écouter *grappin* qui voudrait vous tirer dehors. Je comprends très bien votre peine, quoiqu'elle soit sans fondement sérieux, mais cette peine vous devez la surmonter coûte que coûte.

» Le cher P. X*** vous estime et vous aime beaucoup, *je le sais* depuis longtemps. Soyez sûr et parfaitement sûr qu'il n'a aucune préférence pour personne. Mais voyez bien les choses comme elles sont. Vous avez des condisciples plus hardis et plus expansifs que vous, qui se hâtent, en récréation ou au sortir d'une classe, d'entourer les maîtres. Vous, mon cher Octave, par timidité exagérée, vous restez facilement à l'écart, ou bien vous laissez prendre les premières places par de plus actifs. En êtes-vous moins aimé? non ; le sont-ils plus que vous? pas le moins du monde ; mais, on ne peut pas les repousser pour vous appeler et il vous semble que vous êtes au second rang dans le cœur, parce que vous êtes au second rang dans les groupes. Il n'en est rien.

» Remarquez, mon Octave, avec vous il faut toujours qu'on fasse les avances, vos supérieurs surtout. Essayez de vaincre cette timidité malencontreuse et vous vous en trouverez bien. Somme toute, mon très cher enfant, vos supérieurs à Chezal-Benoît vous aiment beaucoup et vous font l'honneur de fonder sur vous des espérances sérieuses. Il faut vous montrer digne et de cette affection et de ces espérances. Chassez les noirs soucis ! Allez trouver le bon père X*** comme vous seriez venu me trouver ; dites lui bien votre peine ; elle disparaîtra comme un nuage léger que le vent emporte. Et si cela ne suffit pas, venez voir votre P. Marie qui vous aime tant et qui sera si heureux de vous rendre le calme. Le R. P. Supérieur autorise ce voyage. Mais, ce qui est plus nécessaire que ces visites-là, mon cher Octave, c'est une autre visite bien simple, bien pleine de cœur, à un autre Père, plus père que tous les autres, à notre bien-aimé Seigneur et à son Divin Cœur. Allez à la chapelle un bon petit moment, tout près de l'autel, et dites-lui : *O Domine, quia ego servus tuus et filius ancillæ tuæ.* Votre Mère du Ciel est la servante du Seigneur, votre bonne et pieuse mère d'ici-bas mérite aussi ce titre ; fils de pareilles servantes, vous ne devez être que serviteur. Vous ajouterez à cette protestation un petit mot pour moi, et vous m'écrirez que, malgré tous les efforts de l'ennemi, vous restez l'enfant et vous serez le Missionnaire du Sacré-Cœur. Je vous embrasse et vous bénis de tout mon cœur de père. J. C. Marie. »

Cette lettre fut un baume délicieux pour le cœur découragé du pauvre enfant. Car ce n'était pas sans un cruel déchirement qu'il avait résolu de quitter sa chère solitude, et du moment que son imagination était calmée et l'esprit tranquillisé par la mise au point de toutes ces petites misères, Octave ne demandait pas mieux que de rester et de parvenir au terme de sa chère vocation.

Se conformant au conseil du P. Marie, l'enfant alla trouver son directeur, lui ouvrit toute son âme et sortit consolé, réconforté et disposé à reprendre sa vie de travail. On eût dit que son cœur venait d'être allégé d'un gros poids.

Quelques jours après, il écrivit de nouveau au P. Marie. Un petit nuage avait-il reparu ? Était-ce distraction ? En tout cas, soit distraction, soit à dessein, Octave avait mis simplement au-dessous de sa signature : *Aspirant Missionnaire*, au lieu de : *Aspirant Missionnaire du Sacré-Cœur*, comme avaient coutume de le faire les élèves de la Petite-Œuvre.

Le Père s'aperçut vite de cette restriction et

il répondit aussitôt sur un ton d'aimable gronderie :

« Vilain enfant, je suis furieux contre vous, bien que votre petite lettre soit charmante. Comment, méchante créature, le Sacré-Cœur vous traite en enfant gâté, à rendre jaloux ceux qui savent ses bontés pour vous, et vous signez vos lettres : *Aspirant Missionnaire*, sans un mot de plus ! C'est tout à fait mal.

» Mon enfant bien-aimé, la simple suppression de ces initiales : M. S. C., me fait une peine très vive. Quelle peine par conséquent n'éprouve pas le Sacré-Cœur lui-même ? S'il y a sur vos cahiers, livres ou autres choses, cet *Aspirant Missionnaire* si sec, vous allez le compléter immédiatement. Rappelez-vous donc que si vous pouvez écrire : Aspirant Missionnaire avec de l'encre, c'est avec votre sang que vous devriez écrire le reste. Soyez au Sacré-Cœur, enfant bien cher, autant que le souhaite, en vous bénissant, votre père bien affectueux. J. C. Marie. »

C'était fini, grâce à la prière et aux bons conseils, la lumière était revenue, et avec la lumière le calme et la joie.

Quelques jours après, il annonçait à sa famille l'heureuse nouvelle : « J'ai éprouvé cette année un grand ébranlement dans ma vocation. Vous ne pourriez vous imaginer tout ce que l'esprit malin m'avait suggéré pour me faire quitter la Petite-Œuvre. Et le rusé s'y était si bien pris, que j'avais déjà fixé le jour de mon départ. Grâces au Cœur de Notre-Seigneur, ainsi qu'aux sages conseils du Père Marie, la lumière s'est faite dans mon esprit. Je réfléchis moi même devant DIEU et tous les projets du diable s'évanouirent comme par enchantement. Je remercie vivement le Sacré-Cœur de m'avoir obtenu le triomphe, car je ne vous dirai pas combien je souffrais à la seule pensée de vous annoncer mon retour, etc... ».

Désormais donc le cher enfant va se préparer plus que jamais à sa future vie de religieux et d'apôtre.

CHAPITRE VIII

LE NOVICE

Des adieux touchants. — Le dernier soir aux pieds de Notre-Dame du Sacré-Cœur. — Le noviciat des Missionnaires du Sacré-Cœur. — Saint-Gérand le Puy. — La première retraite. — Un Pèlerinage inespéré. — La vie silencieuse. — Une épreuve terrible. — Courageuse résignation. — Amour de la souffrance. — Une visite réconfortante. — Un retard pénible. — Saintes distractions. — Profession religieuse.

JUSQU'ICI nous avons essayé, en résumant les événements, de montrer la physionomie d'Octave durant les quelques années qu'il passa à la Petite-Œuvre. Désormais, nous allons suivre simplement les faits tels qu'ils se présentent dans le court espace de temps qui le sépare de sa fin prématurée.

Nous voici donc au mois de juillet 1879. La distribution des prix est faite et nos enfants jouissent dejà de leurs vacances. Pour notre jeune homme qui vient d'achever sa rhétorique, l'heure du noviciat approche. Depuis longtemps le cher enfant pensait à cette date, depuis longtemps aussi il l'appelait de tous ses vœux. Déjà, pendant l'année scolaire qui venait de s'écouler et qui devait être pour lui la dernière passée à la Petite-Œuvre, il n'avait pu s'empêcher de jeter en arrière un regard de forte émotion et de douce reconnaissance.

« Me voici donc arrivé au terme de mes études à Chezal-Benoît. Comme les cinq années passées dans cette sainte oasis se sont écoulées avec rapidité !.. De combien de grâces le Cœur de JÉSUS ne m'a-t-il pas comblé ! Lui seul sait tout ce que je lui dois depuis que je suis ici [1]. »

Il appelle le noviciat ; malgré quelques vagues appréhensions, son cœur soupire après ce temps de solitude, de recueillement et de prières, qui décidera de sa vocation.

« Mon noviciat approche ; encore deux ou trois mois et il sera commencé ! Quelques mois encore et je porterai l'habit religieux ! Te dire ce que cette pensée me cause de bonheur, c'est, je crois, bien inutile. Cependant je crains toujours de n'être pas assez bien préparé à recevoir

1. A sa sœur, 17 octobre 1878.

les bienfaits de DIEU. D'un côté, je voudrais que les semaines et les jours s'écoulassent plus rapidement, et, de l'autre, je sens qu'il me faudrait encore deux ou trois ans de préparation avant de franchir le seuil de cette sainte maison. Du moins, je réclame tes prières, ma chère sœur, ainsi que celles de mon excellente maman et de mon petit frère Gabriel dont l'innocence touchera, en ma faveur, le Cœur du divin Maître.[1] »

Enfin arrive le mois d'août, fixé pour le départ. D'abord on ira passer quelques jours à Issoudun, auprès de Notre-Dame du Sacré-Cœur et de là on se dirigera sur le noviciat.

Les adieux à Chezal-Benoît furent touchants; les larmes coulèrent de part et d'autre, chez ceux qui restaient et ceux qui partaient. Octave nous a laissé une page émue dans laquelle il trahit les sentiments de son cœur. Ce fut son dernier devoir à la Petite-Œuvre ; lui-même en avait choisi le sujet. La voici dans sa simplicité :

« Il sera bientôt venu ce jour où je dois te quitter, chère Petite-Œuvre. Avant de partir, laisse-moi t'exprimer toute ma reconnaissance et promettre que je ne t'oublierai jamais. S'il

1. A sa sœur, 3 avril 1879.

est quelqu'un, après DIEU et mes bien-aimés parents à qui je doive le plus d'obligations, j'ose affirmer et proclamer hautement que c'est bien à toi, Œuvre bénie! Pendant les cinq années que j'ai passées sous ton abri tutélaire, tu n'as cessé de me procurer le pain du corps, et, par-dessus tout, le pain de l'âme. Oui, grâce à toi, j'ai pu grandir selon la nature, selon la science et selon la vertu. Tout ce que la mère la plus tendre peut imaginer de bien pour son fils, toi tu l'as accompli et au delà. Et pour toute récompense tu n'exiges de moi que la reconnaissance! Oh! quelle douce obligation tu m'imposes, chère Petite-Œuvre! Que dirai-je aussi de toutes les joies que tu m'as procurées? Qu'elles sont nombreuses et variées! Combien elles surpassent incomparablement toutes celles que j'aurais pu goûter dans le monde! Quel agréable et suave parfum elles ont laissé dans mon âme! Si le sacrifice que j'ai fait en quittant tout pour venir me confier à tes soins et à ta vigilance a été grand et douloureux, avec quelle bonté tu as su m'en dédommager par tes bienfaits inappréciables! Merci, cent fois merci, chère Petite-Œuvre. Ai-je besoin maintenant de te promettre que je ne t'oublierai plus? Tu connais assez le cœur de ton enfant pour compter sur la durée de sa reconnaissance. Oh ! oui, il me sera doux plus tard de me rappeler l'heureux temps que j'ai passé sous ton toit. Alors seulement je comprendrai tout le bonheur que j'y ai goûté, et je n'aurai pas assez de louanges pour remercier cette seconde mère qui m'adopta pour son fils ».

On admirera la note dominante de ces lignes ; l'humilité d'Octave laisserait croire qu'il était venu en pauvre frapper à la porte de Chezal Benoît. Avec quelle perfection il pratiquait déjà la leçon du divin Maître : *Apprenez de moi que je suis doux et humble de cœur !*

Bientôt il fallut faire aussi les adieux à Issoudun et à la Basilique de Notre-Dame. Laissons parler l'élève :

« Le soir, à deux heures, nous assistâmes à une charmante petite séance donnée par les enfants de l'Externat du Sacré-Cœur, en l'honneur de leur Père-Directeur dont ils célébraient la fête. Enfin le moment de la séparation arriva [1], il fallut se quitter, non pas complètement, car les enfants de la Petite-Œuvre restent toujours unis dans le Cœur de Notre-

1. Les Élèves de la Petite-Œuvre se trouvaient de nouveau à Issoudun.

Seigneur et ils espèrent se revoir, mais pour plusieurs années peut-être. Nous nous embrassâmes donc affectueusement — les larmes versées le prouvèrent — et nous nous dîmes adieu ou plutôt au revoir. L'émotion me gagna malgré moi, et je laissai couler mes larmes pendant quelques instants.

» Après cette scène touchante, nous allâmes tous les sept futurs novices dire un fervent *Souvenez-vous* à Notre-Dame du Sacré-Cœur pour la supplier de bénir notre noviciat. Le reste de la soirée se passa assez tristement ; nous étions tous à bout de forces et d'émotion.[1] »

Quelques instants avant le départ, les chers partants allèrent s'agenouiller une dernière fois aux pieds de la Vierge.

« C'était le soir, tout reposait autour de Marie. Saisis par ce calme solennel, nous restâmes longtemps prosternés à ses genoux. Puis encore une fois nos lèvres se collèrent sur les dalles du sanctuaire, une dernière prière s'échappa de nos cœurs demandant à Notre-Dame sa maternelle bénédiction, et nous partîmes le cœur bien gros en répétant les paroles du pro-

1. A sa sœur, 10 août 1879.

phète : *Si oblitus fuero tui, Jerusalem, oblivioni detur dextera mea !* »[1]

Cher Octave ! Il ne soupçonnait pas alors quelle tempête allait passer sur son pays ! Depuis lors, hélas ! des jours de deuil et de tristesse ont succédé, pour la Vierge d'Issoudun, aux splendeurs de ce temps heureux ! Le temple de Marie n'est plus aujourd'hui le joyeux et touchant rendez-vous de foules innombrables ; il est solitaire et désert. Ces portes par lesquelles tant de pèlerins affluaient, des mains sacrilèges les ont fermées et scellées. Ces lampes, dont la lumière vacillante donnait aux riches dorures de si étranges reflets, sont éteintes ; le silence de la mort a succédé aux chants de triomphe, et aux pieds de la statue miraculeuse, on ne peut plus aller goûter les pures délices des divines consolations. Heureux ceux qui n'ont pas vu ces jours de tristesse ! Heureux ceux qui sont partis pour le ciel avant que la rage de l'enfer eût remporté cette lamentable victoire ! Mais, comme dit Lamartine, « si la foi, c'est DIEU dans le temps de lumière, l'espérance, c'est DIEU dans le temps des ténèbres ». Et puisque DIEU, dans la vie sombre qui nous enveloppe, reste

1. Ann. Belges, 1889.

encore avec nous, notre espérance aussi demeure, et cette espérance nous dit qu'un jour Marie triomphera, et que son triomphe sera mille fois plus éclatant que son apparente défaite.

Le premier noviciat de la Congrégation fut, par suite de circonstances particulières, établi à Montluçon. C'est là que les prémices de la Petite Œuvre allèrent, sous la direction forte et habile d'un ancien curé devenu Missionnaire du Sacré Cœur, se former aux vertus religieuses.

Le lieu n'était pas des plus favorables. Le voisinage bruyant des usines troublait trop le calme et le silence qui conviennent au recueillement et à la méditation. Aussi les Supérieurs suivirent-ils avec empressement les indications de la Providence, qui leur offrait à la campagne un asile mieux adapté à l'œuvre essentielle de la formation religieuse. Le noviciat fut donc transféré à Saint-Gérand-le-Puy, dans le département de l'Allier.

Saint-Gérand-le-Puy est une petite ville admirablement située au sommet d'un monticule, comme son nom l'indique. Il n'y avait là rien de commun avec l'agitation et le bruit de l'industrie moderne : les rues du bourg sont toujours calmes.

A côté de la vieille et belle église paroissiale, située à l'extrémité de l'agglomération, se trouve, entouré de murailles, le château de la famille de Saint-Gérand. Du haut de la vaste esplanade plantée d'arbres plusieurs fois séculaires, et des terrasses qui entourent la noble demeure, le regard découvre un magnifique horizon. Tandis qu'à vos pieds une vallée étroite, mais d'une incomparable richesse, étale sa fraîche verdure, là-bas dans le lointain, au delà d'une immense plaine parsemée de maisons de campagnes, s'étagent de gracieuses collines aux contours capricieux, que terminent majestueusement les montagnes sombres et boisées du Forez.

C'est donc dans cette solitude que furent envoyés Octave et ses compagnons. Dans sa première lettre datée de Saint-Gérand, il raconte brièvement ses impressions.

« En contemplant ce beau site, écrit-il, je n'ai pu m'empêcher de me rappeler mon pays. J'ai songé à Flayat, à mes bons parents, et j'ai adressé à Notre-Dame de ferventes prières pour toute cette chère famille que j'aime tant. Le lendemain même de notre arrivée, nous avons commencé notre apprentissage du noviciat, sans oublier les travaux manuels qui nous occuperont bientôt. Nous avons pioché, remué la pierre, la terre, le sable. Ce n'est pas qu'il y ait beaucoup d'agrément à cela, non, mais il faut s'habituer à tout pour faire la volonté de Notre-Seigneur et répondre aux désirs de son aimable Cœur... Nous commençons notre retraite demain soir, le jour même de l'Assomption de la T.-S. Vierge. La date est de bon augure. Elle durera dix jours et se terminera le dimanche matin. Ce jour-là, j'aurai le bonheur de prendre la soutane que je désire depuis si longtemps. Notre noviciat commencera dès le moment de la prise d'habit et durera un an complet... etc. [1] »

Octave se trompait dans ses prévisions. A la fin de la retraite, les novices revêtirent bien la soutane, mais la cérémonie solennelle de la prise d'habit fut renvoyée de quelques jours, pour qu'elle pût coïncider avec la profession religieuse de quelques condisciples arrivés au terme de leur noviciat.

La retraite avait fait un grand bien à Octave, et lui avait ouvert de nouveaux horizons sur sa chère vocation.

« Notre retraite s'est terminée ce matin par la sainte Communion. Ces dix jours se sont

1. A sa sœur, 14 août 1879.

CHATEAU DE SAINT-GÉRAND-LE-PUY OU OCTAVE FIT SON NOVICIAT.

écoulés rapidement et ils m'ont procuré un grand profit spirituel, en me faisant estimer davantage la perfection évangélique à laquelle je vais désormais m'appliquer courageusement.[1] »

En attendant la prise d'habit, nos jeunes postulants eurent une consolation aussi douce qu'inespérée : celle de faire un pèlerinage au sanctuaire de Paray-le-Monial. Que de fois on leur avait parlé, à la Petite-Œuvre, des apparitions de Notre-Seigneur à la Bienheureuse Marguerite-Marie, et que de fois ils avaient rêvé d'aller un jour s'agenouiller dans ce lieu béni, témoin des célèbres apparitions !

Aussi, quand le Père-Maître annonça la nouvelle, ils n'osaient en croire leurs oreilles. La Providence cependant leur ménageait cette grâce. Dès son retour, Octave eut hâte de raconter cette faveur à ses parents. Il terminait son récit en disant : « Il est bon de se pourvoir de grâces avant de commencer l'année du noviciat. J'espère que le Cœur de JÉSUS aura entendu et exaucera mes prières.[2] »

Quelques semaines plus tard, eut lieu enfin

1. A sa sœur, 24 août 1879.

2. A sa sœur, 31 août 1879.

la cérémonie de la prise d'habit si impatiemment attendue : « Tu ne saurais croire les émotions que j'ai éprouvées en recevant le saint habit. Désormais je serai *novice* des Missionnaires du Sacré-Cœur. Combien je remercie Notre-Dame qui me comble de ses bontés depuis que j'ai le bonheur d'appartenir à sa chère famille ! [1] »

Dorénavant, notre jeune et fervent novice sera le *Frère* Octave.

Si, à la Petite-Œuvre, les exercices se succédaient nombreux et variés, il faut en dire tout autant du noviciat, avec cette différence qu'ici la vie est encore plus sérieuse et plus appliquée, non sans doute aux études profanes, mais à l'étude de la grande science de la vertu. Notre jeune homme qui s'était montré bon et pieux élève à Chezal-Benoît se montrera zélé et fervent novice à Saint-Gérand.

Rien d'extraordinaire dans sa vie extérieure, non ; c'est la fidélité simple et joyeuse au règlement de la maison, une attention soutenue à se former aux vertus de son saint état. L'esprit de foi lui fait voir DIEU en tout : dans ses maîtres, dans ses frères, dans les travaux les plus hum-

1. A sa sœur, 21 novembre 1879.

bles, dans les épreuves, les tristesses et les joies. Il lave la vaisselle, sert à table, balaye la maison, avec la même gravité qu'il met à s'acquitter des exercices de piété. Pour lui, tout est grand aux yeux de DIEU, pourvu que la piété et l'obéissance l'inspirent. Il est grave, oui, mais il est joyeux aussi, et d'une joie non affectée, mais toute spontanée et naturelle. Cette joie, il la montre dans ses lettres et il ne dédaigne pas de mettre un peu *d'humour* dans le récit des événements plaisants qui rompent parfois l'austère monotonie de la vie des novices.

S'il survient quelque nuage, il va promptement chercher consolation auprès de Notre-Seigneur qu'il est venu servir et qu'il aime d'un amour simple et ardent. Tout marche convenablement, il est content et il en remercie avec effusion le Cœur du divin Maître. « Je suis bien tranquille au sujet de ma vocation ; tous les gros ou petits nuages qui s'étaient élevés au début du noviciat, se sont complètement évanouis ; la grâce de Notre-Seigneur les a dissipés. Plus que jamais, je suis décidé, en ce qui me concerne, à devenir Missionnaire du Sacré-Cœur. J'ignore le genre de vie que la Providence me prépare dans cette milice sainte, mais elle peut disposer de moi selon son bon plaisir, je suis prêt à accomplir en tout son adorable volonté[1] ».

Le temps du noviciat s'écoulait donc dans la ferveur, la tranquillité, la paix, lorsqu'au mois de février, DIEU envoya à notre cher Frère Octave l'épreuve la plus sensible, la plus cruelle qui pût atteindre son cœur de fils : la mort prématurée et inattendue de sa mère tant aimée.

Le samedi 7 février, Mme de Brinon alla, suivant sa coutume, entendre la sainte Messe. Rien, en ce moment, ne faisait prévoir une maladie, et la journée se passa sans incident. Sur le soir cependant, elle ressentit une fatigue prononcée, et la nuit même une fièvre violente se déclarait. La journée suivante fut mauvaise, et le médecin ne cacha pas que la maladie fût grave. Huit jours après en effet, à l'heure même où elle avait ressenti les premières atteintes du mal, la pieuse mère, entourée du curé de la paroisse et de toute la famille qui récitaient, en larmes, le chapelet, rendait à DIEU sa belle âme, purifiée et sanctifiée par les sacrements des mou-

1. A sa sœur, 8 février 1880.

rants qu'elle reçut avec les sentiments d'une ferveur admirable et d'une parfaite soumission.

La triste nouvelle fut aussitôt télégraphiée au novice. Impossible de décrire la douleur inconsolable du pauvre enfant. Après DIEU, sa mère occupait la première place dans son cœur. N'était-ce pas à elle d'ailleurs, à l'éducation qu'il en avait reçue, à ses conseils et à ses prières, qu'il devait le bonheur de sa vocation ?... Quelques jours avant sa mort, elle l'encourageait encore à se montrer fidèle à la grâce : « Comme tu es heureux, mon cher enfant, de persévérer dans ta voie ! Remercions-en Notre-Dame du Sacré-Cœur ! Lorsqu'on réfléchit bien au peu de temps que nous passons sur la terre, on s'étonne de tant aimer la vie et de si peu penser à l'éternité. Oh ! qu'ils doivent se trouver heureux ceux qui, comme toi, ont tout sacrifié pour se donner à DIEU !...[1] ».

Si, du moins, Octave avait eu la suprême consolation d'aller l'embrasser une dernière fois, recevoir sa bénédiction dernière ! Mais non ; DIEU demandait à l'enfant le sacrifice complet de sa mère, et l'unique consolation

1. 11 janvier 1880.

qui lui restera sera de pleurer et de prier pour l'éternel repos de son âme.

Dans la lettre qu'il écrit au reçu de l'angoissante nouvelle, il fait entendre le cri de la douleur, sans doute, mais il fait entendre aussi le chant de la résignation. Il oublie sa propre souffrance pour ne penser qu'à celle de son père, à celle de ses frères et de ses sœurs. Lui, le pauvre enfant, qui aurait besoin d'être consolé, il prend sur lui le soin de consoler les autres ! Lisez plutôt :

« Bien cher et bien-aimé papa. Quel terrible coup DIEU vient donc de frapper sur vous et sur nous tous ! Pauvre bonne maman ! faut-il croire qu'elle soit morte, et n'est-ce pas un mauvais rêve ! Comment vous exprimer la douleur que je ressens depuis que le Père-Maître m'a communiqué l'affreuse nouvelle ! Hélas ! dernièrement encore, elle m'écrivait une lettre si bonne, si pieuse, si tendre ; pouvais-je me figurer que ce serait sa dernière ! En m'annonçant que les fluxions de poitrine faisaient tant de ravages à Flayat, se doutait-elle qu'elle dût si tôt en être elle-même la victime ! Ma douleur est assez grande, bien cher papa, pour me faire comprendre ce que doit être la vôtre. Oh ! je vous en conjure au nom du Sacré-Cœur, consolez-vous un peu et mettez votre espoir en DIEU, puisque c'est lui qui nous éprouve ; et il le fait, soyons-en persuadés, pour le plus grand bien spirituel de chacun de nous. Ma bonne maman est maintenant au Ciel. Ce qui m'en donne la ferme assurance, c'est qu'elle est morte un samedi, jour consacré à Marie. Daigne cependant le Cœur de notre bon Maître verser dans le vôtre quelques gouttes de ses divines consolations, et vous aider à supporter vaillamment et en vrai chrétien, la croix si lourde qui vient s'ajouter à celles que vous portiez déjà. Je n'en puis dire davantage, vous me comprenez assez. A DIEU, bien cher papa, maintenant plus que jamais, je suis votre fils bien soumis.[1] »

Spectacle admirable ! Loin de murmurer contre ce coup imprévu, chacun, dans cette famille si profondément chrétienne, cherchait à rendre aux siens le courage et la confiance ; et tandis qu'Octave consolait ses frères et sœurs, il recevait lui-même de Flayat des paroles de la plus admirable résignation. Et cette résignation, on la puisait de part et d'autre à sa vraie source : dans la bonté

1. 15 février 1880.

miséricordieuse de DIEU et dans le souvenir des mérites et des vertus de la chère disparue.

« La séparation fut si cruelle, lui écrit-on de Flayat, la croix si pesante, que nous crûmes succomber sous cette terrible épreuve. Papa, qui n'avait pas quitté un instant notre mère durant sa maladie, l'assista à ses derniers moments, et sa douleur était si grande qu'elle nous faisait oublier la nôtre, afin de pouvoir consoler la sienne. La population entière a voulu accompagner notre chère défunte à sa dernière demeure, et, malgré la pluie qui rendait les chemins impraticables, l'église était pleine comme aux jours solennels. Notre pauvre maman avait été si bonne ! Les exemples de vertu qu'elle a donnés la suivront au delà de la tombe. Sa dernière recommandation a été de prier pour elle. Sa mort a été si douce qu'elle a paru plutôt un sommeil qu'une lutte entre la vie et la mort... Et cependant, mon cher Octave, qu'il est amer, ce calice ! N'importe, il faut le boire et accepter entièrement la volonté du Seigneur ! »

En même temps, le jeune novice recevait de son ancien précepteur une lettre pleine de cœur et doucement réconfortante. Qu'on nous permette de la donner en entier, car elle nous montrera jusqu'à quel point la vénérable défunte avait su gagner la sympathie et l'estime de tous ceux qui la connaissaient :

« Mon bien cher enfant. Si jamais j'ai désiré vous voir, c'est bien en ce moment. Que vous dire ? Comment essayer de vous consoler ? Je suis moi-même tout accablé du coup qui vous a porté tant de douleur, tant de regrets dans l'âme. Je l'ai ressenti aussi vivement qu'il est possible de ressentir. Cette bonne, cette sainte maman, avec quelle rapidité elle nous a été enlevée ! Nous apprenions ici, il y a aujourd'hui huit jours le commencement de sa maladie, et le lendemain une dépêche nous annonçait sa mort. Que nous avons souffert ! Je suis parti le soir même avec Achille et Jules[1] pour Flayat. Nous y sommes arrivés à dix heures. Mon DIEU, mon DIEU ! la terrible impression ! Ah ! il y a eu bien des larmes, bien des déchirements dans ce pauvre vieux salon où reposait son corps !... Mais, mon cher petit ami, ce n'est plus là qu'il faut regarder, c'est vers le Ciel. Votre mère avait achevé de

1. Frères d'Octave, élèves au Collège de Felletin. Le premier est mort le 6 février 1905, à Moulins. Le second continue actuellement, au château de Flayat, les nobles traditions de la famille.

se sanctifier et le bon DIEU s'est empressé de l'appeler à lui. Si dure que soit pour nous cette séparation, acceptons-la avec une amoureuse résignation de la main de Celui qui nous l'impose. Elle ne saurait être bien longue : c'est si peu de chose que notre vie sur la terre ! Employons-la bien, n'y ayons qu'un but : servir Notre Seigneur. Votre vocation, cher enfant, avait été une des plus grandes joies de votre mère ; elle continuera à s'en réjouir du haut du Ciel, et elle vous obtiendra, soyez-en sûr, bien des grâces. Voilà désormais un lien de plus entre le Sacré-Cœur et vous. Courage ! courage donc !... N'est-il pas bien doux de ne plus chercher que DIEU, lorsqu'on a sa mère auprès de Lui ? Elle était bien la mienne aussi ; oui, elle m'était bien une seconde mère, car jamais, pauvres enfants, elle ne m'avait séparé de vous. Je vous appartiens donc totalement, uni à vous tous par son cher souvenir. Maintenant, prions pour elle ; c'est le dernier témoignage d'affection que nous puissions lui donner, et ces prières retomberont sur nous en bénédictions. Votre malheureux père me fendait l'âme, tant son chagrin était vif et poignant. Et votre pauvre sœur Marie !... Ah ! la chère enfant est bien toute au bon DIEU ; mais qu'il lui faut de courage pour ne pas s'effrayer du fardeau qui lui incombe maintenant ! Aidez-la par vos prières, soyez avec elle l'ange gardien de la famille. ...Flayat est devenu le rendez-vous de toutes les sympathies ; je ne saurais vous dire combien elles y ont afflué, c'est quelque chose d'inouï !... Adieu, mon bien cher enfant, je vous embrasse du plus profond de mon cœur. — J.-B. Rougier. »

Octave n'oubliera jamais celle qu'il a perdue. Son nom reviendra souvent dans ses lettres, et souvent surtout la prière montera pour elle de son cœur à ses lèvres.

« Quand je pense à cette perte, écrivait-il, j'en perdrais presque la tête si je ne savais que le bon DIEU mène tout pour notre plus grand bien. [1] »

« Continuons, disait-il encore, continuons d'être toujours unis dans le Cœur de Notre-Seigneur. Souffrons ensemble les peines et les misères de cette triste vie ; consolons-nous en pensant qu'après un exil plus ou moins long, nous nous retrouverons au Ciel pour y jouir, avec notre maman bien-aimée, du bonheur qui nous y est préparé. Je ne puis me faire à cette

1. A sa sœur, 24 février 1880.

idée que je ne la verrai plus sur cette terre. Heureusement que nous aurons toute l'éternité pour nous perdre avec elle dans la possession de DIEU.[1] »

Loin de trouver dans cette épreuve un motif de découragement, le Frère Octave y puisa, tout au contraire, une nouvelle ardeur pour se former aux vertus de son saint état. Nous le voyons devenir de plus en plus fervent, de plus en plus attaché à son devoir et à sa vocation. Il travaille à rendre son âme toujours plus digne de celle qui lui a été ravie et qui dorénavant, du haut du Ciel, veillera sur sa vocation religieuse comme elle veilla sur les années de son enfance. Un lien de moins l'attache maintenant à la terre, et plus que jamais il va tourner son regard vers le séjour béni devenu la demeure de sa mère. Chaque jour lui fera aimer davantage la croix, afin d'être plus intimement uni à Notre-Seigneur dont la vie s'est passée à souffrir, et aussi afin de s'assurer la récompense promise à ceux qui savent partager l'immolation de la Divine Victime.

En lui ramenant le souvenir de la Passion du CHRIST, le saint temps de Carême ranime en

1. A sa sœur, 2 juillet 1880.

lui le désir d'avoir sa part de Calvaire : « Le grand jour de Pâques est venu rendre la joie à nos cœurs encore attristés des humiliations et des amertumes de notre divin Maître. Les tressaillements d'une sainte allégresse ont succédé aux larmes de la componction et de la douleur. Chacun de nous a ressenti, ce jour-là, une joie d'autant plus vive, qu'il avait pris une part plus grande aux épreuves incomparables de notre Sauveur. Et nous avons ainsi mieux compris que, plus nous souffrirons ici-bas avec Notre-Seigneur, plus aussi il nous glorifiera avec Lui. *Si compatimur ut et conglorificemur*[1]. »

Au mois d'avril, les novices eurent le bonheur de recevoir la visite du R. P. Chevalier, le vénéré Fondateur de la Congrégation. Il venait encourager ses enfants à persévérer dans la voie que la Providence leur avait montrée. Cette visite fit beaucoup d'impression au Frère Octave et le fortifia de plus en plus dans sa vocation.

« Le R. P. Chevalier a bien voulu voir chacun de nous en particulier. Il s'est montré d'une bonté et d'une amabilité vraiment touchantes, s'informant de notre santé, de nos dispositions

1. A sa sœur, 4 avril 1880.

de nos familles, etc... Il a passé avec nous la journée de mercredi, et c'est avec regret qu'il a quitté le noviciat qu'il appelle *le petit Paradis*.[1]

Le noviciat du F. Octave se poursuivit dans un travail intérieur intense. Ce travail nous eussions voulu le suivre; malheureusement nous n'avons pas retrouvé ses notes intimes, à l'aide desquelles il nous eût été plus facile de lire dans le fond de son âme. A leur lumière, en effet, nous aurions vu les progrès, les joies, quelquefois peut-être les petites défaites de notre fervent novice, comme aussi ses efforts généreux et ses progrès constants.

Ces efforts redoublèrent pendant la grande retraite d'un mois qui se fait généralement vers le milieu de l'année, mais là encore nous n'avons point trouvé de notes sur ses impressions personnelles ; nous en sommes réduits au seul témoignage de ceux qui furent ses compagnons.

Son cœur appartient si complètement à DIEU, que les affections les plus légitimes et les plus pures, il cherche encore à les élever et à les sanctifier davantage : « Je n'ai pas besoin

1. A sa sœur, 4 avril 1880.

de te dire que tu as une large part dans toutes mes prières, surtout dans mes communions. C'est en effet lorsque j'ai le bonheur de posséder JÉSUS dans ma poitrine que j'aime à penser à toi, à prier pour toi et pour vous tous. C'est alors que je supplie instamment le Divin Cœur de resserrer toujours plus les liens qui nous unissent si intimement dans son amour. Oh ! qu'il est consolant pour moi de sentir que nous n'avons tous deux qu'un seul but ici-bas : aimer JÉSUS dans la souffrance et plus tard ensemble le contempler au Ciel ! Nous ne comprendrons jamais assez la parole de sainte Thérèse : *Qui possède Dieu, rien ne lui manque ; Dieu seul suffit*[1]. »

De là une conformité parfaite à la volonté de DIEU : « Nous attendons avec patience ce que le Sacré-Cœur voudra bien nous envoyer en fait d'épreuves. Pour le moment, je jouis, avec mes bons frères, de la douce solitude de Saint-Gérand où j'espère que DIEU me conservera jusqu'au terme de mon noviciat. Que sa très sainte volonté soit faite, *en tout, partout et toujours.*[2] »

1. A sa sœur, 14 juin 1880.
2. A sa sœur, 2 juillet 1880.

Cette soumission à la volonté divine, il la prêche à l'occasion. Sa pieuse correspondante soupirait elle-même depuis longtemps après son entrée au couvent. Plusieurs circonstances, et en particulier la mort prématurée de Mme de Brinon, retardaient l'exécution de ce projet si longtemps caressé. Octave comprenait ce qu'avait de pénible, pour le cœur de sa sœur, une telle situation. Il la console, l'encourage, lui prêche la patience avec une tendresse toute fraternelle :

« Oh ! ma chère sœur, si tu savais le bonheur que l'on goûte dans la vie religieuse, tu n'en souhaiterais que plus ardemment de te donner à DIEU. Mais pourquoi raviver et redoubler ton chagrin ! Ce n'est point toi, c'est le Maître qui retarde pour toi ce bonheur. Sois convaincue pourtant que même en cela il a ses desseins. S'il a voulu te soumettre à l'épreuve avant de t'appeler à son service, c'est pour t'unir plus intimement à Lui et te donner ainsi une plus grande preuve d'amour. Disons donc notre *fiat* avec bonheur, en nous abandonnant à la conduite de notre Divin Ami. [1] »

Quoique la vie du noviciat soit une vie recueillie, une vie dont le travail spirituel fait

1. A sa sœur, 9 août 1880.

tout le fond, nos jeunes gens ne sont point cependant des Chartreux. C'est pourquoi on leur accorde, vers la fin de l'année, deux ou trois semaines de vacances. Les exercices religieux ne sont pas modifiés pour cela, mais les promenades sont plus fréquentes et les récréations un peu plus longues. Or, même au milieu de ces distractions, Octave savait mettre la piété au premier rang et sanctifier ainsi le délassement qu'il donnait à son esprit. Voici comment il raconte une de ses promenades :

« Nous sommes partis de bon matin, après avoir accompli nos divers exercices. Le but de notre excursion était Beaumont dont le site sauvage rappelle un peu la Suisse. Arrivés dans cette calme solitude, nous avons pu nous livrer, sans crainte d'être inquiétés, à la prière d'abord, puis aux joyeux ébats de la pêche. Une charmante petite grotte, convertie en chapelle dédiée à la Sainte Vierge, offrait un silencieux asile à notre dévotion. Nous y récitâmes quelques *Ave Maria*, puis nous nous dispersâmes pour aller pêcher : les uns des petits poissons, les autres des écrevisses que l'on trouve en assez grande quantité dans le ruisseau qui coule au fond de la gorge. Tous les visages respiraient la paix et la joie. Vers midi, nous prîmes un repas champêtre que l'appétit assaisonna, puis dans la soirée nous chantâmes en chœur les vêpres de la Sainte Vierge. Les deux chœurs, placés vis-à-vis l'un de l'autre sur les deux versants, faisaient retentir les échos du chant grave et solennel des psaumes. C'était enchanteur !... Mais, hélas ! comme dit le poète : *toute fleur est bientôt fanée.* Il nous fallut enfin quitter ces *beaux monts* pour rentrer dans notre antique manoir. Toutefois les cœurs étaient contents et les esprits reposés.[1] »

Voilà un an cependant qu'Octave et ses condisciples sont au noviciat et on ne leur parle pas encore de profession religieuse. Sans chercher à connaître les raisons qui font agir ses Supérieurs, Octave les juge excellentes : « Mon noviciat se prolonge, écrit-il, mais pour le bien de mon âme, car ce que je gagne ici, je le retrouverai plus tard avec joie... Le noviciat! Je n'apprécierai jamais tout le bien que j'en ai recueilli. Je n'ignore pas non plus que je dois à tes prières toutes les grâces dont mon âme y a été comblée. [2] »

Enfin, voici la bonne, la grande nouvelle de

1. A sa sœur, 22 août 1880.

2. A sa sœur, 13 septembre 1880.

la profession prochaine ! « Avec quelle joie, je viens t'annoncer ma profession religieuse pour le 17 octobre, fête de la Bienheureuse Marguerite-Marie et en même temps de la Pureté de la T. Ste Vierge ! C'est le R. P. Chevalier lui-même qui est venu nous communiquer l'excellente nouvelle. Te dire la joie qu'elle m'a procurée, non, je ne saurais le faire. Dans trois semaines, j'aurai donc le bonheur ineffable de me vouer corps et âme à DIEU et au Cœur adorable de Notre-Seigneur JÉSUS-CHRIST. Quelle immense faveur et combien je m'en reconnais indigne ! A partir de ce jour, bien-aimée sœur, tu prieras beaucoup pour ton pauvre frère ; tu sais combien il en a besoin. Le 9, nous commençons la retraite préparatoire ; de grâce, pense à moi devant DIEU ! Fais prier aussi mon petit frère Gabriel ; la prière d'un cœur pur est irrésistible auprès de DIEU. [1] »

Le 17 octobre, en effet, Octave prononçait ses vœux de religion. Désormais, il appartiendra à DIEU tout entier ; loin de diminuer, sa ferveur ne fera que croître jusqu'au jour peu éloigné où le Maître viendra cueillir ce fruit si hâtivement mûri pour le Ciel.

1. A sa sœur, 24 septembre 1880.

CHAPITRE IX

LE SCOLASTIQUE

Une nouvelle bien reçue. — Pénible sacrifice. — Départ pour Rome. — Premières impressions. — Quelques jours de vacances. — Visites touchantes. — Descente aux Catacombes. — Un cicerone peu ordinaire. — Ne m'appelez pas Cardinal. — Une lettre du Préfet de la Propagande. — La réponse. — Enthousiasme d'Octave. — Il fait le sacrifice de sa vie.

LA fin du noviciat inaugure pour les jeunes profès une vie toute nouvelle. Ils sont distribués dans les diverses maisons d'études que possède la Société pour s'y former, en vue du sacerdoce, aux connaissances philosophiques et théologiques.

Le Frère Octave fut destiné à la maison de Rome. C'est là, au foyer de la vie catholique, qu'il ira former son esprit à la grande science de la religion. Mais, avant de partir, DIEU va lui demander un nouveau sacrifice que le jeune religieux acceptera avec ce même esprit de foi et cette même soumission dont il nous a déjà donné des preuves.

Voilà six ans en effet qu'Octave n'a point revu le foyer. Son père, sa mère sont venus plusieurs fois, il est vrai, le visiter à Chezal-Benoît et à Saint-Gérand, mais ces visites étaient rares et bien courtes. Et puis ses frères, ses sœurs, tous ceux qu'il aimait dans sa famille, voilà des années qu'il ne les a revus. Et à supposer qu'aucun événement extraordinaire ne survienne, il restera cinq ou six ans à Rome, sans l'espoir, par conséquent, d'un voyage à Flayat. Si soumis que l'on puisse être aux dispositions de la Providence, la nature n'en réclamait pas moins ses droits, et le cœur si affectueux du jeune religieux devait sûrement souffrir devant la perspective d'une si longue séparation. Pauvre enfant ! il eût été si heureux d'aller prier et pleurer sur la tombe si fraîchement ouverte de sa mère bien-aimée ! Cette rencontre silencieuse et émue l'eût un peu dédommagé de n'avoir point reçu le dernier baiser et la suprême bénédiction de la chère disparue !...

Il fallut pourtant se résigner. Les Supérieurs ne crurent pas devoir déroger à la règle commune et consentir au voyage. Loin de se plaindre, le Frère Octave chercha à consoler la peine qu'en éprouva la famille. « Ainsi donc, ma chère Marie, je ne pourrai revoir Flayat qu'à l'époque de ma prêtrise. C'est alors seulement, qu'à l'occasion de ma première Messe, on m'autorisera à venir passer quelques jours auprès des miens. Acceptons ce sacrifice ; il est d'autant plus méritoire qu'il nous cause à tous plus de chagrin.[1] »

Le lendemain même de sa profession, 18 octobre, notre jeune religieux partit donc pour Rome avec six de ses compagnons. Ils y arrivèrent le surlendemain. Le R. P. Supérieur les reçut à bras ouverts, à la descente du train, et les conduisit à la maison des Missionnaires du Sacré-Cœur, située au centre même de Rome, à la place Navone. Les Scolastiques, leurs aînés qui s'y trouvaient déjà, firent fête aux nouveaux venus et les accueillirent comme des frères.

Dirons-nous le bonheur qu'éprouva le Frère Octave de se trouver dans la Ville éternelle ?... Un de ses compagnons traduisait les sentiments de tous quand il écrivait : « Rome, nom plein de mystère !... Rome, par excellence la ville des âmes, la cité et la patrie de tout chrétien ! Rome, où l'homme de foi se sent emporté

1. A sa sœur, 1880.

par toute l'ardeur de ses désirs. Ah ! sans doute, il nous en avait coûté de quitter, pour de longues années peut-être, le silencieux asile où notre vocation avait grandi, mais aussi quels beaux horizons ne s'ouvraient pas devant nous ! A Rome, nous allions de surprise en surprise. Tour à tour, nous pouvions contempler les incomparables merveilles que le génie, guidé et stimulé par la foi, a semées dans ce coin de l'Italie, terre classique de l'art et de l'idéal. Tout nous était source de pures et nobles jouissances, et les monuments de la grande ville ne fatiguaient jamais l'admiration ; merveilles payennes, restes grandioses d'un peuple géant; merveilles chrétiennes surtout, que nos âmes pétries du sang du CHRIST et nourries dans l'atmosphère du catholicisme comprenaient et goûtaient mieux, car à l'élément artistique, déjà si riche et si élevé, ces merveilles joignent un parfum plus doux et plus pénétrant qui vient du Ciel !..[1] »

L'âme du Frère Octave était toute préparée pour s'ouvrir aux rayonnements de cette idéale beauté. Aussi fut-il heureux de profiter du peu de temps qui le séparait encore de l'ouverture

1. Voir *Annales belges*, 1889.

des cours pour faire une première et rapide connaissance avec les monuments principaux de la ville, surtout les monuments religieux. Guidés par un des anciens, quelquefois même par le P. Supérieur, qui était heureux de mettre ses connaissances au service de ses enfants, les nouveaux allaient de basilique en basilique, contemplant, admirant, laissant s'épancher librement leur enthousiasme. On visitait St-Pierre, St-Jean de Latran, Ste-Marie-Majeure, St-Paul-hors-les-murs, et, chaque fois, c'était quelque nouvelle surprise. La vue du Colisée impressionna particulièrement Octave. Comme il l'écrivait à sa famille, il revoyait par la pensée ces immenses gradins remplis d'une foule grouillante et assoiffée de sang ; cette arène où les martyrs, les genoux sur le sol et les yeux vers le ciel, attendaient le moment d'être déchirés et broyés par les dents des fauves amenés des pays lointains. Tout cela lui remplissait l'âme de saintes émotions, fortifiait sa foi, encourageait sa vertu. Une fois rentré à la maison, il prenait des notes sur ce qu'il avait vu et notait les impressions qu'il avait éprouvées pour les communiquer aux siens et les partager avec eux. « On ne peut se lasser de visiter Rome, écrivait-il ; il y a tant de grandeur dans ses vieux monuments, tant de piété et de dévotion dans ses églises, qu'on nage, pour ainsi dire, dans un océan de surnaturel. [1] »

C'était surtout la visite aux grandes reliques des saints qui touchait le cœur d'Octave, et il ne se lassait pas d'aller prier dans les chambres sanctifiées par saint Louis de Gonzague, saint Stanislas de Kostka, saint Jean Berchmans, dont il devait suivre si admirablement les exemples.

Bientôt cependant il fallut penser au travail. Les commencements s'annonçaient un peu difficiles, car la philosophie était une chose nouvelle pour nos jeunes débutants, et, de plus, pour aborder certaines matières, la connaissance préalable de la langue italienne s'imposait nécessairement. Il fallait mener plusieurs études de front. Octave ne se rebuta pas, et il prit la résolution d'utiliser chacune de ses heures pour surmonter tous les obstacles.

Se mettant en garde contre un danger trop commun à l'étudiant, même pieux, il se promit bien de faire de la perfection religieuse l'objet principal de ses efforts.

S'il avait soin de se tenir uni à Dieu par la pensée et par le cœur, il avait soin aussi d'être

1. A sa sœur, 14 novembre 1880.

FAÇADE DE L'ÉGLISE DE NOTRE-DAME DU SACRÉ-CŒUR
ET DU COUVENT DES MISSIONNAIRES DU SACRÉ-CŒUR, PLACE NAVONE, A ROME

un sujet d'édification pour les nombreux élèves qui suivaient les cours publics ; et cela il le faisait très naturellement, très simplement, sans pose ni affectation. On se rappelle encore ce jeune religieux, ses bonnes manières, sa taille mince et élancée, quoiqu'un tant soit peu voûtée, son visage pâle, ses lèvres fines, ce regard franc et limpide, ce sourire délicieux qui donnait de la lumière et du charme à sa figure toujours un peu mélancolique, sa démarche lente et grave, sa parole rare et toujours réfléchie. Tout en lui attirait la sympathie et l'estime. Son caractère était doux, et son âme haute ne connaissait ni la petitesse, ni l'égoïsme. Sa vertu n'était ni maussade, ni chagrine, ni composée, mais naturelle et joyeuse. Cette âme sereine vivait dans la lumière et dans la paix ; elle les répandait autour d'elle et portait à la ferveur. L'amour de DIEU, le zèle apostolique, l'oubli du monde et de soi, l'affection pour sa double famille, tout cela s'harmonisait dans notre jeune homme avec un rythme parfait. Dans ses études, il n'ambitionna pas les succès retentissants ; mais attentivement courbé sur ses livres, il n'eut d'autre désir que d'acquérir la science de son état, tout en cherchant à rester inconnu.

A Rome, les classes et les études étaient coupées fréquemment par des promenades ou des sorties en ville. Nos jeunes gens en profitaient pour assister aux fêtes religieuses qui s'y célèbrent avec tant de solennité. Octave aimait tout particulièrement ces belles cérémonies dont il saisissait toujours le côté simple et touchant. Lisez par exemple :

« Noël est en tout pays la fête des fêtes, mais ici elle revêt un cachet de piété qui se manifeste surtout par la dévotion à la sainte Crèche et au *Santo Bambino.* Une des plus belles Crèches que j'aie vues est celle de l'église de l'*Ara Cœli,* située sur le sommet du Capitole. Nous l'avons visitée avant-hier et elle m'a frappé par sa vivante réalité. Elle occupe toute une chapelle de la grande église, et elle ne s'ouvre que pour la solennité de la naissance du divin Sauveur. Ce qui m'a le plus vivement intéressé, ce sont les discours prononcés devant cette crèche par de tout petits enfants. Quand nous sommes entrés, ces gentils sermons étaient déjà commencés. Après avoir adoré Notre-Seigneur et lui avoir adressé un mot du cœur, nous nous sommes avancés et nous avons vu sur une estrade, entourée d'une foule nombreuse et sans cesse renouvelée, une fillette qui, avec une grâce parfaite et une assurance imperturbable, récitait son petit sermon au *Caro Bambinello*, le tout entremêlé des gestes les plus naïvement expressifs. Sa tâche accomplie, elle a fait un charmant salut à l'Enfant-JÉSUS et est descendue pour céder sa place à un petit garçon de trois ou quatre ans, que sa mère a hissé fièrement sur l'estrade et qui a pris la parole à son tour... Je serais resté volontiers pour contempler longuement cette scène naïve, tant elle avait de charmes, mais l'heure pressait, et, à mon grand regret, il nous a fallu reprendre le chemin de la maison.[1] »

Les catacombes attiraient aussi le Frère Octave, et il jouissait d'avance quand le Père Supérieur annonçait une visite à ces galeries séculaires sanctifiées par les reliques de tant de glorieux martyrs.

« Nous avons visité, ces jours passés, les Catacombes de Sainte-Emérentienne, situées sur la voie Nomentane et fouillées récemment par Mgr Crostarosa. Ce digne prélat, remarquable par ses connaissances archéologiques, avait bien voulu nous conduire lui-même à travers ces vastes souterrains et nous expliquer, de la

1. A sa sœur, 25 décembre 1880.

AUTEL DE NOTRE-DAME DU SACRÉ-CŒUR A ROME
DANS L'ÉGLISE DE LA PLACE NAVONE.

façon la plus intéressante, l'histoire des monuments et des tombeaux qui y sont accumulés depuis les premiers siècles de l'ère chrétienne. Cette visite nous a profondément émus et a fait naître en nous le désir de la renouveler au plus tôt.

La Providence s'est complue à nous en ménager l'occasion jeudi dernier. Cette fois, la visite avait pour but les grandes catacombes de Sainte Domitille, non loin de la voie Appia. Par une faveur inappréciable, un des plus habiles et des plus savants archéologues de notre époque, dont les œuvres sont connues du monde entier, M. le Commandeur de Rossi, successeur du P. Marchi dans l'étude des cimetières chrétiens, s'offrait à nous servir de guide et à nous expliquer certaines particularités de ces catacombes récemment découvertes. L'explication fut merveilleuse d'intérêt et nous remerciâmes la Providence de nous avoir une fois de plus, procuré de si saintes jouissances [1]. »

Le Frère Octave admirait la simplicité de ces grands savants qui ne dédaignaient pas d'employer un temps précieux pour être

1. A sa sœur, 13 février 1881.

agréables à de jeunes étudiants. Rome est en effet une école d'humilité, parce qu'elle est une école de vérité. Là, tout nous montre la vanité des grandeurs humaines jusqu'à ces ruines que l'on foule aux pieds, à ces mausolées orgueilleux que le temps a vaincus. C'est

S. E. LE CARDINAL MONACO LA VALETTA.

pourquoi, à Rome, les personnages sont simples, dans leur tenue, dans leur langage, dans toutes leurs manières. « Nous suivons, écrivait le jeune homme, les cours du Séminaire Romain placé sous la protection du Cardinal Vicaire, [1] qui est pour nous d'une simplicité et

1. Alors le Cardinal Monaco la Valetta.

d'une amabilité vraiment paternelles. Il n'y a pas longtemps, il est venu honorer de sa visite notre maison de la place Navone, et en parlant avec nous, il nous répéta plusieurs fois, avec un gracieux sourire : « Ici, je ne veux pas que vous m'appeliez Cardinal, mais Père, *Padre.* » En effet il l'est véritablement, et c'est à lui surtout que notre petite Société est redevable de l'accroissement qu'elle prend de jour en jour dans cette Rome catholique [1]. »

Nous avons parlé ailleurs de l'ardeur avec laquelle Octave, même enfant, soupirait après les missions. Il parlait bien alors de la Chine, mais au fond, ce qu'il voulait, c'était devenir apôtre, porter l'Evangile dans les pays sauvages et révéler aux âmes délaissées l'amour du Cœur de JÉSUS. Un moment il espéra que les îles Aukland seraient le champ de son futur apostolat, mais quand il vit sombrer cette première espérance, il ne se découragea pas ; il s'en remit entièrement à la volonté de DIEU.

Or, voici que le 25 mars 1881, son Eminence le Cardinal Simeoni, Préfet de la S. C. de la Propagande, jeta les yeux sur les Missionnaires du Sacré-Cœur pour réaliser son

1. A sa sœur, 22 mars 1881.

projet d'envoyer des apôtres dans les immenses îles de la Nouvelle-Guinée. Le Cardinal écrivit donc au R. P. Chevalier :

Rome, 25 mars 1881.

TRÈS RÉVÉREND PÈRE,

Depuis plusieurs années le Vicariat de la Nouvelle-Guinée est vacant, faute d'une communauté religieuse qui veuille s'en charger.

Le Saint-Siège, qui porte le plus grand intérêt à cette importante contrée où n'existe aucune mission catholique, tandis que plus d'un ministre protestant y répand l'erreur, connaissant bien le zèle dont votre Paternité et les membres de sa congrégation sont animés pour la Propagation de notre sainte religion verrait avec un grand plaisir les Missionnaires du Sacré-Cœur se charger d'évangéliser ce vaste champ. Je ne me dissimule pas que pour réaliser ce dessein, il faudra du temps et de la patience.

Mais, pour le moment, il ne s'agirait que d'envoyer seulement quelques prêtres de votre Congrégation, lesquels, tout en ayant la charge spirituelle des catholiques dont se compose la colonie de la Nouvelle France, déjà établie là-bas, pourraient en même temps rechercher les moyens d'y établir une mission et de pourvoir à l'entier Vicariat resté, comme je l'ai déjà dit, vacant depuis longtemps.

J'ai la ferme confiance que votre Paternité accueillera avec plaisir la proposition que cette lettre renferme et en vous priant de m'adresser votre bienveillante réponse, je vous souhaite, dans le Seigneur, tous les biens.

De votre Paternité, etc.
† Jean Card. SIMEONI
Préfet de la S. C. de la Propagande.

A cette lettre, qui témoignait de la haute bienveillance du Saint-Siège, le Révérend Père Supérieur général répondait :

Issoudun, 16 avril 1881.

ÉMINENTISSIME CARDINAL,

La proposition que le Saint-Siège daigne nous faire par votre entremise, nous honore autant qu'elle nous effraie. Nous étions loin de penser que Sa Sainteté jetterait les yeux sur les humbles Missionnaires du Sacré-Cœur pour leur confier une mission de cette importance. Entreprendre l'évangélisation de la Nouvelle-Guinée et des Archipels voisins est une tâche bien au-dessus de nos forces assurément. Les mœurs des indigènes, leur caractère sauvage, leurs langues difficiles, le climat de ces contrées équatoriales, tout en un mot, nous laisse entrevoir un apostolat des plus laborieux.

La lettre officielle que Votre Éminence m'a fait l'honneur de m'écrire pour me transmettre le désir du Saint-Père, porte la date du 25 mars : cette date est significative. C'est le jour que le Ciel choisit pour annoncer la nouvelle du salut par l'Incarnation du Verbe. C'est aussi le jour que Léon XIII a choisi pour nous proposer, par son fidèle Messager, la Mission de la Mélanésie.

A l'exemple de Marie nous avons fait connaître avec simplicité notre insuffisance notoire et nos légitimes inquiétudes. Puisque malgré cet aveu sincère, Eminence, vous nous dites comme l'ange : « *Ne craignez rien :* acceptez l'offre qui vous est faite, l'Esprit de Dieu sera avec vous et la vertu du Très Haut vous couvrira de son ombre, » nous nous inclinons avec respect et notre humble Congrégation répond avec la Vierge de Nazareth : *Ecce ancilla Domini, fiat mihi secundum verbum tuum*, et avec saint Pierre : *In verbo tuo laxabo rete.*

Nous voudrions être à même d'envoyer vers ces pauvres idolâtres une légion d'apôtres ; mais notre nombre est encore trop restreint. Aussi, malgré notre meilleure volonté, nous ne pourrons, pour le moment, consacrer à cette importante mission que les quelques missionnaires demandés par Votre Eminence. Veuillez dire au Saint-Père, en déposant à ses pieds l'expression de notre vive reconnaissance et l'hommage de notre profonde vénération, qu'il peut compter sur notre obéissance aveugle et sur notre dévoûment absolu.

Daignez agréer, Eminentissime Cardinal, etc.

Le Supérieur des Miss. du Sacré-Cœur.

Qu'on veuille bien remarquer la date de cette acceptation.

Le R. P. Jouët n'eut rien de plus agréable que d'annoncer cette heureuse nouvelle à ses enfants. Parmi eux plusieurs n'avaient qu'un désir : partir au plus vite pour les missions lointaines. De ce nombre étaient celui qu'on appellera bientôt l'*Apôtre* de la *Nouvelle-Gui-*

née, Mgr Verjus, et le Frère de Brinon plus jeune que lui de quelques années. A cette nouvelle, Octave tressaillit d'espérance et de joie. Dans sa ferveur, il demanda au Cœur de Notre-Seigneur de l'accepter pour son Missionnaire, ou bien, s'il plaisait davantage à sa divine volonté, d'accepter sa vie, que dès maintenant il offrait en sacrifice pour le succès de la sainte entreprise. Nous verrons bientôt comment le divin Maître entendit sa fervente prière et accepta son héroïque donation.

CHAPITRE X

MALADIE ET MORT

Un mot imprudent. — Premières atteintes. — Un touchant pressentiment. — Craintes et espérances. — Admirables sentiments. — Douceur et sérénité. — Un peu de *fameux*. — Inquiétudes croissantes. — L'annonce de l'*alleluia*. — Dernier soupir. — Un espoir déçu. — Le reflet de la vertu. — Sépulture. — Un mot de Léon XIII.

AMAIS Octave n'avait connu de maladie grave ; sa santé cependant était plutôt délicate.

Un jour, à Rome — c'était peu de temps avant sa mort — il se promenait dans la cour de la communauté avec un de ses condisciples. Ils étaient suivis par deux autres jeunes scolastiques qui causaient aussi entre eux. L'un de ceux-ci s'adressant tout à coup à son compagnon lui dit : « Voyez donc ce pauvre Frère Octave, comme il a l'air faible et délicat !.. Je crains bien qu'il n'en ait pas pour longtemps!... »

L'imprudent croyait n'avoir parlé que pour son compagnon ; mais Octave l'avait entendu. Il se retourna tranquillement, et avec un sourire ineffable de calme grave et de parfaite sérénité, il répondit doucement : « Vous croyez, mon Frère !... » Celui qui avait prononcé la parole imprudente, profondément regrettée quoique trop tard, nous a affirmé qu'en ce moment-là le religieux montrait comme du ciel dans le regard. Avait-il le pressentiment secret de l'acceptation de son sacrifice ?...

Nous sommes au samedi, 7 avril. Le soir, après leur classe, les scolastiques sortirent pour leur petite promenade habituelle. Un vent piquant, connu à Rome sous le nom de *tramontana*, soufflait avec assez de violence. Au retour, Frère Octave, qui ne se plaignait jamais, se sentit fatigué, mais ne dit mot à personne. Le lendemain, lui qui était un modèle de régularité, ne se leva pas à l'heure ordinaire. Le Père Supérieur se rendit auprès de lui et constata une assez forte fièvre. Le médecin appelé examina le malade, et sans se prononcer, ordonna de le suivre de près, ajoutant que le mal pouvait être grave. Le soir même, il déclarait en effet une fluxion de poitrine.

Nous ne saurions mieux suivre la marche

de la maladie ni mieux connaître les sentiments du cher Frère Octave, durant ces derniers jours de sa vie, qu'en lisant les lettres écrites, jour par jour, par le R. P. Jouët, à la famille de Brinon.

Rome, 10 avril 1881.

MONSIEUR ET MADEMOISELLE [1],

Notre cher Octave est un peu fatigué depuis hier matin. Le médecin est persuadé que c'est le commencement d'une fluxion de poitrine, et quelque pénible que soit pour vous comme pour nous cette nouvelle, il est de mon devoir de vous la faire connaître aussitôt, en vous priant cependant de ne pas vous inquiéter sur les soins nécessaires à notre bon petit malade. Rien ne lui manque ni ne lui manquera. Nous ferons de notre côté tout ce qui sera possible pour conjurer le mal dès son but ; le médecin qui vient tous les jours et plusieurs fois par jour quand cela est utile, me donnera régulièrement le bulletin de sa santé,

1. Mlle Marie de Brinon était la sœur aînée d'Octave et sa correspondante assidue. Depuis la mort de sa mère, elle la remplaçait avec un dévouement admirable, au château de Flayat.

et je vous le ferai parvenir exactement, vous pouvez en être assurés. Je sais ce que l'affection peut, à distance surtout, éprouver d'inquiétudes, pour ne pas vous laisser un seul jour sans nouvelles tant qu'il y aura le moindre danger. Notre cher Frère Octave sait que je vous écris et il vous recommande de ne pas vous inquiéter, ni vous, ni ses bonnes sœurs, ni les autres personnes qui lui portent un si vif et un si légitime intérêt. Nous avons commencé ce soir, en communauté, une neuvaine pour obtenir une prompte guérison. Aussitôt que le mal a été déclaré, j'ai fait transporter à l'infirmerie notre cher enfant, et il sera bien gardé et soigné. En ce moment, il dort tranquille. Espérons que Notre-Dame du Sacré-Cœur lui permettra de reprendre bien vite ses cours. Excusez, je vous en prie, cette lettre écrite à la hâte. A demain sans faute une autre lettre vous faisant connaître la nuit du malade et la pensée du médecin. Courage et confiance dans le Sacré-Cœur. Agréez, etc.

Victor JOUËT, m. S. C. sup.

Quoique le Révérend Père ne voulût pas alarmer la famille et qu'il donnât quelque espoir, on comprend cependant qu'une fatale issue était à craindre. Dès la première heure, le jeune religieux l'avait compris ; et le lundi matin, il fit appeler le R. Père Supérieur.

— Mon Père, lui dit-il, j'ai à vous dire quelque chose qui probablement vous fera de la peine.

— Dites toujours, cher enfant.

— Eh bien, j'ai demandé une grâce à la sainte Vierge et je crois que je l'ai obtenue.

— Tant mieux, cher petit, il faut l'en remercier.

— Mais.... cette grâce, c'est celle de mourir un samedi.

— Vous ne pouviez choisir un jour plus propice, mon enfant. Le samedi est en effet un jour consacré à notre bonne Mère.

— Mais, mon Père, voilà... samedi prochain est aussi le samedi saint, le jour de l'alleluia, et j'espère que ce sera ce jour là !...

Le Père dissimula son émotion, et, tout en encourageant le pieux scolastique à espérer et à demander sa guérison, il comprit que Marie était jalouse de son enfant et qu'elle le prendrait au prochain triomphe de la résurrection. Les paroles qu'il venait d'entendre étaient dites avec tant d'assurance qu'il les crut inspirées par un mouvement surnaturel.

En même temps, Octave demanda à ouvrir toute sa conscience pour être ensuite dans la plus parfaite tranquillité.

Ce jour-là, le Révérend Père écrivit à Flayat :

Rome, lundi saint, 1881.

MONSIEUR ET MADEMOISELLE,

Pas d'aggravation dans l'état de notre cher malade. Le médecin, qui est venu ce matin et qui est revenu ce soir, continue à lui donner tous les remèdes nécessaires. Demain, un autre docteur viendra se joindre au premier pour conjurer les progrès du mal, si c'est possible. Notre cher Frère Octave est d'une sérénité d'âme angélique : il ne perd rien de sa douceur, de sa naïve simplicité, de son amabilité d'enfant. Les douleurs ne sont pas très grandes, le genre seul de la maladie est inquiétant... Nous ferons l'impossible pour le guérir, il faut prier et espérer. Mille respects en N.-S.

Victor JOUËT, m. S. C. sup.

Dans la lettre suivante, après avoir donné les renseignements sur la marche du mal, le Père Supérieur ajoutait : « Au point de vue de l'âme, notre cher petit Frère est d'une patience et d'un calme inaltérables ; il sait que je vous écris tous les jours et il se sert de ma plume et de ma main pour vous envoyer ses plus affectueux souvenirs. Vous êtes constamment présents à sa pensée et à son cœur, et nous tâchons, autant que cela est possible, de lui témoigner tout le dévouement et toute la sollicitude d'un père et d'un ami. Notre-Dame du Sacré-Cœur lui tient lieu de mère, et nous prions notre chère Madone de nous guérir et de nous conserver, pour vous et pour nous, cette angélique petite âme si candide et si simple... »

Dans la lettre du 13 : « Le mal n'a pas empiré, mais le cher malade est faible.... Nous espérons toujours et nous prions beaucoup... Nous souffrons ici, et pour vous et pour nous. Nous voudrions tant vous annoncer la bonne nouvelle de sa guérison ! Nous savons quels liens étroits unissent vos cœurs au sien, mais nous savons que les liens qui l'attachent au Cœur de Notre-Seigneur sont plus étroits encore et nous avons confiance en ce divin Cœur.... »

Le jeudi saint, la journée fut plus pénible ; la respiration du malade se faisait plus difficile et plus douloureuse. Le matin, on lui administra les derniers Sacrements, qu'il reçut avec une piété angélique au milieu de l'émotion de tous ses frères réunis. Tous les yeux étaient remplis de larmes, lui seul souriait à son DIEU qui venait adoucir ses dernières heures et le fortifier pour sa suprême agonie qui approchait. Dans la journée, des crises survinrent. Le pauvre enfant souffrait alors affreusement et les plus forts avaient de la peine à empêcher les mouvements que provoquait le délire de la fièvre.

Cependant, chose admirable! le Révérend Père Supérieur n'avait qu'à prononcer le nom de la Vierge ; aussitôt sa résistance tombait, le malade retrouvait son calme, et sur ses lèvres s'épanouissait, pendant quelques instants, le plus délicieux sourire. Alors il causait avec ceux qui l'entouraient, trouvant pour chacun une parole aimable, n'hésitant pas même à plaisanter agréablement.

Le Révérend Père avait procuré au malade quelques bouteilles d'un vin fortifiant qui était de son goût. En lui en présentant une première fois, le bon Père lui avait dit : « Tenez, cher enfant, prenez-moi cela, c'est du vin et... du fameux !.. » ce qui fit sourire Octave. Après cela, dans ses moments de calme, le malade regardait affectueusement le Père et lui disait en souriant : « Mon Père, voudriez-vous, s'il vous plaît, me donner un peu du.... *fameux* ?... »

Mais les crises revenaient toujours plus fréquentes et de plus en plus elles abattaient le cher malade. Dans le délire, il voyait les grandes îles Océaniennes, les sauvages, les missions et il s'écriait : « Allons vite, partons convertir ces pauvres sauvages !... »

La lettre du vendredi saint fait comprendre aux parents éplorés qu'à moins d'un miracle, Octave ne se relèvera plus : « La journée d'aujourd'hui a été une alternative de craintes et d'inquiétudes sérieuses qui ne sont point encore terminées. Notre-Dame du Sacré-Cœur peut encore faire un miracle et nous le lui demandons à genoux... ; mais les anges du ciel sont jaloux de notre angélique enfant ; ils prieront pour l'avoir là-haut, et leurs prières valent mieux que les nôtres ... d'autant plus que notre cher enfant, dès les premiers jours de sa maladie, s'est pris d'un grand désir de quitter le monde le samedi saint, pour aller chanter avec les Saints le triomphe de la résurrection de Notre-Seigneur. Nous tâchons de nous faire encore illusion et nous lutterons jusqu'au bout pour le conserver ici-bas à votre affection, à

COUR INTÉRIEURE DU COUVENT DES MISSIONNAIRES DU SACRÉ CŒUR
PLACE NAVONE, A ROME

la nôtre et à celle de tous ceux qui le connaissent. Impossible de vous décrire la *joie* qu'il éprouve *aujourd'hui* en pensant à la sainte Vierge! Cher Monsieur, pieuse Demoiselle, le Cœur de JÉSUS a eu sa blessure sanglante, et c'est d'elle seule que peut nous venir la consolation et la force. Priez pour nous. — V. JOUET, m. S. C. sup. »

Cette lettre datée du vendredi saint ne laissait plus aucun espoir humain ; et en effet, le samedi saint, au matin, à l'heure où la cloche de la Basilique de S.-Pierre donnait à toutes les églises de Rome le signal de l'*alleluia*, et tandis que la plupart de ses frères se trouvaient à S.-Jean de Latran pour prendre part à l'ordination, le Frère Octave rendait son âme à DIEU.

C'était le 16 avril, le jour même où, d'Issoudun, le R. Père Chevalier annonçait officiellement à son Eminence le Card. Simeoni que la petite Société des Missionnaires du S.-Cœur acceptait d'aller évangéliser la Nouvelle Guinée. Octave de Brinon, en offrant sa vie pour le succès de cette œuvre immense, était la première victime parmi celles qui payeront, pour la Congrégation, la gloire de ce difficile apostolat...

Voici en quels termes touchants, le R. P. Jouët annonça la triste nouvelle au château de Flayat :

MONSIEUR ET MADEMOISELLE,

Notre bien cher Frère Octave vient de terminer cette triste vie de la terre et de l'échanger pour celle du Ciel... Vous pleurez et nous aussi, et du fond du cœur... Votre douleur et la nôtre sont plus que légitimes, et il nous est bien permis de sentir l'indicible tristesse s'emparant de toute notre âme. Et cependant, au milieu de nos larmes et de notre douleur, les pensées de la foi nous apportent une bien douce consolation... Mourir comme un ange, mourir au jour choisi et demandé, mourir le sourire sur les lèvres, avec le cœur débordant d'amour pour la Sainte Vierge qu'il désirait tant aller voir et qu'il doit contempler en ce moment ; mourir après avoir fait ses vœux perpétuels sur son lit d'agonie, environné de ses Pères et de ses Frères, qui ne l'ont pas abandonné un seul moment ni jour ni nuit, et qui se remplacent successivement auprès de sa dépouille mortelle pour prier et s'édifier.. ; mourir d'une telle mort, n'est-ce pas donner lieu à ses parents, à ses amis, à ses connaissances de se réjouir dans le Seigneur...

et de tempérer par les espérances de la piété chrétienne les justes regrets et les déchirantes angoisses de la séparation.. ? Cher Monsieur de Brinon, pieuse Demoiselle Marie, notre cher enfant—vous nous permettrez de l'appeler ainsi — a eu jusqu'à sa dernière heure votre souvenir dans le cœur et votre nom sur les lèvres... Il vous aimait tant que sa première prière dans le Ciel a certainement été pour vous... Je vous enverrai dès demain les détails édifiants de sa sainte mort ; ce sera un baume sur la plaie profonde que cette mort soudaine et inattendue vous cause, et un motif de le prier comme on prie un ange, tout en priant pour lui comme on prie pour un cher défunt. Pour celui qui vous écrit de nuit ces lignes, malgré le brisement de son âme si étroitement attachée à celle de votre Octave, il n'y a pas l'ombre d'un doute... Octave est là haut et bien haut... avec ceux qui ont aimé la Vierge de l'amour le plus tendre, le plus ingénu et le plus confiant... Dans les étreintes de l'agonie qui a été longue, mais calme, le nom de Notre-Dame ne manquait jamais de provoquer le sourire de l'amour filial, de soulever ses yeux mourants, impatients de voir Marie et de jeter sur sa candide figure une angélique sérénité.

Oh ! qu'il fait bon mourir dans les bras d'une si bonne Mère et dans le Cœur de JÉSUS!... Sa prière favorite tous ces jours-ci.., mais surtout hier et aujourd'hui encore, était celle du V. Grignon de Montfort : *Réjouissez-vous, Vierge Marie, réjouissez-vous mille fois ;* et il est mort aux premiers carillons de joie de toutes les cloches de Rome annonçant le *Regina Cœli lætare* et le *Gloria* de la résurrection... Où voulez-vous donc qu'il soit allé à cette heure, si ce n'est avec ses frères les anges qui nous l'ont enlevé ?... Nous avons bien prié, mais ils ont eu gain de cause, et leur victoire est complète... Pardonnons-leur en faveur de la joie qu'ils ont voulu obtenir à notre cher et bien-aimé Octave... Nous perdons un ange auquel nous donnions le nom d'enfant, pour ne pas intimider sa modeste candeur... et auquel nos bien-aimés scolastiques donnaient celui de Frère, tout en le vénérant, au plus intime de leur cœur, comme le bien-aimé de la Vierge et le Louis de Gonzague de la maison...

Je n'ai, ni la force d'ajouter un mot, ni celle de relire, pour la corriger, cette pauvre lettre, dont vous excuserez la forme, en ayant égard à la peine que j'ai dû surmonter pour l'écrire.

Agréez, etc... V. JOUËT, m. S. C. sup.

Quelques jours à peine avant sa maladie, Octave recevait de Flayat une touchante lettre où sa sœur lui disait entre autres choses : « Depuis plus d'un mois, ta bonne lettre est là dans mon buvard, me pressant chaque jour davantage de t'écrire quelques lignes. Une crainte me retenait. C'était, faut-il te le dire ? de me procurer une trop grande satisfaction en t'écrivant. Quand il s'agit en effet d'écrire à mon bien-aimé frère, c'est pour moi un bonheur que je ne saurais exprimer. Et n'est-ce pas trop accorder à ce cœur qui a tant besoin de faire pénitence que de lui donner, en ce saint temps de carême, une aussi douce jouissance ? Je demande grâce au bon DIEU pour cette satisfaction que je m'accorde, et je me repose dans la douce confiance que tes mérites et tes prières suppléent à mon indigence et obtiennent mon pardon du Seigneur. *Il me tarde, je t'assure, que le joyeux alleluia m'apporte un timbre de Rome !* »

Le timbre de Rome arriva, mais hélas ! pour dire qu'Octave n'était plus. Cette année-là, l'*alleluia* fut mélangé d'abondantes larmes au fond du vieux château, mais de larmes dont

1. 25 mars 1881.

l'amertume fut adoucie par la foi et consolée par la confiance qu'une belle couronne ceignait déjà le front du frère bien-aimé.

Le corps du jeune religieux fut exposé dans le salon de la communauté transformé en chapelle ardente. On l'entoura de lis et on veilla sans interruption dans les pleurs et dans la prière. La mort avait répandu sur le visage du cher défunt un calme admirable. Sur cette physionomie, tout à l'heure ravagée par la fièvre, errait déjà quelque chose du ciel. Le R. P. Jouët voulut la faire reproduire et conserver cette image comme un pieux souvenir. Malheureusement les instruments humains sont impuissants à saisir les merveilleuses nuances et à traduire les extrêmes délicatesses que la vertu répand, comme des effluves célestes, sur le visage de ceux qui meurent dans le baiser de JÉSUS et dans les bras de Marie.

Le lendemain, saint jour de Pâques, dans la chapelle particulière de la communauté, le R. P. Supérieur célébra la sainte Messe pour notre cher condisciple [1]. A l'Evangile, qui raconte la résurrection de Notre-Seigneur, nous vîmes

1. Celui qui écrit ces lignes était du nombre des compagnons d'Octave.

le célébrant s'arrêter un instant et essayer d'étouffer les sanglots qui montaient de sa poitrine. Ses yeux venaient de tomber sur ces paroles: *Non est hic, surrexit sicut dixit.* Le cher étudiant n'était plus là en effet dans l'humble oratoire d'où partaient ses prières si pures. Les enfants pleuraient leur Frère, et le Père pleurait son enfant. Cette scène si courte, mais si impressionnante et si spontanée, nous émotionna profondément, et en ravivant la blessure faite à notre cœur, prouva que le Père et les enfants étaient unis dans un regret commun, comme ils étaient unis dans une commune affection !...

Le soir du même jour, la Communauté conduisit tristement au cimetière la dépouille mortelle du jeune religieux. Le corps fut déposé provisoirement dans un *loculus* de réserve, en attendant qu'il fût placé plus tard dans un caveau définitif. Après une dernière prière sur la tombe de ce cher ami, nous rentrâmes à la maison pour reprendre notre vie ordinaire, décidés toutefois à travailler avec une ardeur nouvelle à nous sanctifier, et à marcher sur les traces de celui dont l'absence allait nous priver d'un exemple si efficace pour le bien.

Huit jours plus tard, un office solennel fut célébré dans notre église pour le repos de l'âme de notre cher Frère Octave. Au milieu des fidèles et des groupes de Séminaristes venus pour rendre un suprême hommage au fervent religieux, on vit, avec plusieurs Petites Sœurs des Pauvres, dix de leurs vieillards, priant pour le jeune religieux qui plusieurs fois avait imploré la faveur d'aller les servir dans leur maison de Rome.

A quelque temps de là, dans une audience que le Pape Léon XIII daigna accorder au P. Supérieur, le Saint-Père remarqua, parmi les images qu'on lui présentait à bénir, la photographie d'Octave reposant sur son lit de mort : « Qu'est cela? demanda-t-il. — Très Saint Père, c'est un jeune Scolastique des Missionnaires du Sacré-Cœur mort le samedi saint en souriant à la Madone. Comme saint Stanislas, il est mort à dix-neuf ans ! » et le cœur si bon du Suprême Pasteur des âmes daigna compatir à la douleur de la double famille d'Octave, en ajoutant cette parole de consolation : « Oh ! qu'il est donc heureux d'avoir fait une si belle mort ! »

Deux ou trois mois après, aux premières heures d'une journée qui s'annonçait radieuse, le R. P. Jouët, accompagné de la plupart de ses jeunes religieux, se rendait au cimetière de S.-Laurent pour assister à l'exhumation du défunt. On retira le corps de sa demeure provisoire pour le transporter dans un caveau définitif, où il attend l'heure de DIEU pour ressusciter à la glorieuse éternité.

ÉPILOGUE

UNE année s'était écoulée qui avait bien pu adoucir les douleurs de la séparation, mais non effacer le souvenir de la mort si édifiante de notre Frère ; et la Communauté se préparait à en célébrer le pieux anniversaire par de plus ferventes prières, quand, la veille du dimanche des Rameaux, un autre Scolastique se sentit frappé. C'était la même maladie de poitrine qui se déclarait à la même heure, avec la même violence que l'année précédente. L'émotion et l'effroi furent profonds, car on comprit qu'on allait perdre ce bon Frère WILLIAM NEENAN qui n'avait que des amis et des admirateurs parmi ses Frères. En effet, sa bonne et franche nature irlandaise, son intelligence d'élite, qui n'avait pas tardé à le faire remarquer aux cours de philosophie, la candeur de son âme, et jusqu'à l'empreinte profonde de vertu et de douceur qu'il portait sur son visage, tout avait contribué à le faire aimer et estimer de ceux qui le connaissaient.

On eût encore voulu espérer, mais bientôt le doute ne fut plus possible, le Sacré-Cœur réclamait une autre victime : les mêmes scènes douloureuses, la même agonie à laquelle les religieux avaient assisté l'année précédente, allaient se renouveler. Le jeudi saint, la communauté émue jusqu'aux larmes se rassembla autour du lit du malade, tandis que le prêtre lui donnait le Saint-Viatique. A peine le pieux scolastique eut-il reçu la blanche hostie et terminé sa fervente action de grâces que ses douleurs se calmèrent ; les médecins qui avaient déclaré la mort imminente promettaient encore un mois de vie ; toute la journée fut tranquille et sereine. Mais le Frère William ne partageait pas leur espoir ; il redoutait la nuit qui allait venir. En effet, le soir, les douleurs recommencèrent ; bientôt il entra en délire, et toute la nuit il se crut dans sa chère Irlande, suivant les mouvements des bateliers sur le rivage de la mer. Le vendredi saint au matin, il se réveilla soudain, et d'une voix grave et solennelle que n'oubliera jamais aucun des assistants, il prononça ces paroles qui les firent tous pleurer : « Je vais mourir : j'éprouve un grand regret de quitter des Frères qui m'aimaient tendrement, et que je chérissais aussi de tout mon cœur ; mais je suis bien heureux d'aller au Ciel. J'y trouverai la sainte Vierge, ma Mère, le Père Vandel, notre Père à tous, et je prierai pour ma chère Petite-Œuvre et pour chacun de mes Frères. » Il s'arrêta ; son visage se transfigura ; il ouvrit des yeux extatiques, joignit ses mains sur sa poitrine, et resta ainsi quelques instants absorbé, ravi dans sa vision. On crut voir sur sa belle figure le reflet d'une lumière surnaturelle. Puis un dernier sourire à ses Frères, un dernier regard plein d'amour sur le crucifix, et puis plus rien. Sans nul doute la sainte Vierge était venue au-devant de son enfant qui l'avait tant aimée ici-bas ; elle avait emporté son âme au Ciel. Et une seconde fois l'*alleluia* de la fête de Pâques fut noyé dans les larmes.

Au souvenir de la terrible coïncidence des deux années précédentes, les plus courageux s'effrayaient déjà lorsqu'arriva le carême de l'année 1883. DIEU ne demandera-t-il pas une nouvelle victime ? et s'il en réclame une, quelle sera-t-elle ? Il est vrai que l'on chassait avec soin ces funèbres pensées, et que personne n'osait y faire allusion dans les conversations ;

mais elles revenaient incessamment et il était aisé de voir qu'elles préoccupaient tout le monde. Et, pourquoi ne pas l'avouer ? elles augmentaient la piété et la ferveur, en mettant devant les yeux de tous l'image salutaire de la mort, qui pouvait frapper dans quelques jours. Et voici qu'au jour tant redouté, la même maladie fond sur un des scolastiques avec une incroyable violence. Cette année, ce n'était pas un des derniers venus que la mort surprenait, mais un des plus anciens ; car le F. RICARDO FORA étudiait depuis bientôt cinq années à Rome, et il était déjà entré dans les ordres sacrés. Immédiatement il comprit que sa dernière heure allait sonner, et ses Frères comprirent aussi que, pour la troisième fois, la fête de Pâques allait se passer à pleurer sur un cercueil. Le médecin, frappé plus que personne par cette périodicité si effrayante dans son inexorable régularité, se contenta de hocher la tête en signe de découragement, et dit : « C'est le même cas que les années précédentes ; le malade ne verra point le jour de Pâques. » Et, en effet, la pneumonie suivit absolument la même marche qui avait été déjà deux fois constatée ; la mort approchait visiblement. DIEU ménagea cependant une douce consolation au pauvre malade ; l'illustre cardinal Parocchi, vicaire de Sa Sainteté Léon XIII, ayant appris la douloureuse épreuve qui venait d'atteindre la Communauté, voulut venir lui-même porter au F. Fora la bénédiction du

S. E. LE CARDINAL PAROCCHI.

Saint-Père. Cette suprême bénédiction affermit son courage en face de la mort. On était au samedi saint, le mal n'avait fait qu'empirer, et d'heure en heure on attendait la fatale nouvelle. Le soir, en allant prendre leur repos, tous étaient persuadés que le lendemain on ne retrouverait plus que les dépouilles inanimées du malade.

Mais non ! le jour de Pâques se lève et F. Fora n'est pas mort ; le médecin constate même une légère amélioration. Le mieux ne fit qu'augmenter et, dès le lendemain, le cher malade était hors de danger. Rien ne peut peindre l'étonnement du docteur qui disait ne rien comprendre à une pareille guérison qu'il appelait plutôt une résurrection. « Il y a quelque chose de *mystérieux* dans ce revirement subit de la maladie, » ajoutait-il.

Et, en effet, quelque chose de mystérieux avait eu lieu.

Dans un grand et florissant couvent des Sœurs de la Charité, situé sur une des sept collines de la Ville éternelle, vivait une humble religieuse qui aimait bien les pauvres malades auxquels elle prodiguait son intarissable dévouement, mais qui nourrissait une ambition plus noble encore que celle de guérir les corps ; elle aurait voulu convertir et guérir les âmes, car un cœur d'apôtre battait dans sa poitrine. Aussi, dès qu'elle connut la Petite-Œuvre qui formait des missionnaires pour les contrées les plus abandonnées et les plus sauvages, elle l'aima avec une tendresse qui ne devait se dementir jamais. Et quand, en 1881, les premiers missionnaires partirent pour porter l'Evangile aux pauvres anthropophages de la NOUVELLE-GUINÉE, la Sœur *Marie-Anne Maréchal* salua avec enthousiasme ce départ. Elle avait tant rêvé de partager leurs travaux et leurs souffrances, qu'elle crut avoir trouvé le moyen de les aider et d'avoir part à leurs mérites. Elle fit le vœu de consacrer toutes ses bonnes œuvres, toutes ses prières, tous ses mérites, toutes ses souffrances, sa vie entière, à la conversion de ses pauvres sauvages. Voici ce qu'elle a écrit à cette époque : « Je suis la petite victime du Sacré-Cœur de JÉSUS, quoiqu'il m'en coûte ; et je veux que ce doux titre ait un retentissement perpétuel en ma vie et en ma mort. Tout pour la conversion de la Nouvelle Guinée ! »

Or, dans ce couvent, la Sœur Marie-Anne avait appris que la mort allait frapper une troisième victime parmi ses chers missionnaires. Elle en fut profondément affligée ; mais la violence même de sa douleur lui inspira une grande résolution ; elle s'adressa à Notre-Dame du Sacré-Cœur : « Puisque je suis victime, je vous offre ma vie pour racheter celle de ce fils de la Petite-Œuvre ; daigne le Cœur de votre divin Fils ratifier mon humble offrande, et donner en retour au Frère Fora la grâce de devenir prêtre, d'immoler l'auguste et sainte victime, et d'aller convertir une multitude d'âmes ! » — Et Notre-Dame du Sacré-Cœur agréa le sacrifice de ce noble cœur. Nous avons dit comment, contre toute espérance, le Frère Fora fut arraché à la mort. Mais l'immolation de Sœur Marie-Anne ne tarda pas à s'accomplir. Moins de deux mois après l'étonnante guérison du Frère Fora, la sainte et pure victime mourait pieusement, le 31 mai, en la fête même de Notre-Dame du Sacré-Cœur, qui avait ainsi, avec une délicatesse de mère, agréé et adouci son sacrifice. Elle quittait, en effet, la terre, en un jour de triomphe, pour aller au Ciel chanter la gloire de sa divine Mère.

Et maintenant le Ciel est apaisé ; la mort peut suspendre ses coups ; elle n'a plus reparu parmi les jeunes étudiants de Rome qui vont souvent visiter, avec une profonde émotion, la tombe commune où dorment leurs deux Frères et celle qui conserve la dépouille virginale de Sœur Marie-Anne.[1]

1. Voir *Ann. de N.-D. du S. C.*, Mai 189[illegible]

Flayat vu de la route de Crocq -
après un croquis de Gust. de B^{ne}
- en 1878 -

TABLE DES MATIÈRES

CHAPITRE VIII
LE NOVICE

CHAPITRE IX
LE SCOLASTIQUE

CHAPITRE X
MALADIE ET MORT

TABLE DES GRAVURES

IMPRIMÉ PAR DESCLÉE, DE BROUWER ET Cie,
41, RUE DU METZ, LILLE. — 1.304.

PUBLICATIONS DIVERSES

NOTRE-DAME DU SACRÉ-CŒUR, d'après l'Écriture Sainte et la tradition, par le R. P. CHEVALIER fondateur de l'Archiconfrérie (5e édition). Grand in-8° de 643 pages Prix. 5-00

LE POUVOIR DE N.-D. DU SACRÉ-CŒUR, prouvé par des faits. — In-16 de 222 pages. Prix 0-75

NOTRE-DAME DU SACRÉ-CŒUR, espérance des désespérés. — Gracieuse brochure de propagande Prix 0-50

VIE DE MGR VERJUS, Évêque titulaire de Limire, premier Apôtre de la Nouvelle-Guinée, par le R. P. Jean VAUDON. — Prix 6-00

LA PIÉTÉ CHRÉTIENNE, Conférences aux Dames du Monde, par le R. P. Paul CARRIÈRE, M. S. C. — Prix 0-60

L'APOCALYPSE ET LES TEMPS PRÉSENTS, par M. le Chanoine J. CHEVALIER, Curé Archiprêtre d'Issoudun (2e édition). — Prix *franco* . . . 1-75

SIMON-PIERRE DEVERNOIS, Novice de la Congrégation des Missionnaires du S.-C. — In-16 de 184 pages. Prix 0-75

LES ILES BLANCHES DES MERS DU SUD. — Beau volume in-8°, orné de 60 gravures, dont 10 hors texte et 8 cartes, par le R. P. Fernand HARTZER. Prix 5-00

Ces ouvrages se trouvent chez M. le Directeur du Pèlerinage de Notre Dame du Sacré-Cœur, à Issoudun (Indre.)

www.ingramcontent.com/pod-product-compliance
Ingram Content Group UK Ltd.
Pitfield, Milton Keynes, MK11 3LW, UK
UKHW020549180726
13838UKWH00001B/128